建築の大転換

増補版

伊東豊雄　中沢新一

筑摩書房

建築の大転換　増補版　目次

建築の大転換

増補版

本書は二〇一二年二月、筑摩書房より刊行されたものの増補版である。

文庫版はじめに

中沢新一

1

建築家の伊東豊雄さんと個人的におつきあいするようになる以前に、『雪片曲線論』（青土社、一九八五年〔中公文庫、一九八八年〕）というぼくの書いた本のほうが、伊東さんの知的関心圏に入っていたようである。この本の主題は、自然過程と人間の思考過程の連続性をあきらかにすることにあった。その本が出た当時は、構造主義などの影響がまだ強い頃で、自然過程と人間の思考過程は切れていてつながっていない、という考えが広まっていた。思考がつくる文化的な構築物は、自然を模倣しないでいることが可能で、自然にたいしては恣意的な人工的システムを自由につくりあげることができる、という考えである。自然と文化を分離するこのような考え方を否定することが、この本を書いた動機であった。

ぼくの予想では、建築家と呼ばれる人々の多くは、このような反モダニズムの思想に反発や警戒を抱くはずであった。じっさい現代建築は、建築家が思い描いたどんな想像的なイメージでも現実世界に実体化できる、画期的な技術革新を手中におさめ、奔放自由な建築の数々を世の中に送り出していた。そういう時代に、文化創造の代表選手のような建築家の中に、文化的な創造物も自然過程と連続しており、自然過程が課す拘束に従わなくてはならない、などという主張に興味を抱いてくれる建築家がいようとは、正直思ってもみなかったことである。

あとで聞くところによると、その本に収められた「建築のエチカ」という短い文章に、伊東豊雄さんは関心をもたれたそうである。その文章は、チベットの仏教寺院の建築理論書を素材にして、建築は自然環境から分離されてはならない、建築と自然過程は潜在下でつながりあい連続しているからである、それが建築の倫理（エチカ）である、という考えを表明していた。倫理を捨てた人生が可能なように、倫理を持たない建築も可能ではある。しかし、それは地球環境に致命的な損傷を加えていく。いっさいの拘束のない自由は、自然過程からの断絶を促進し、文明の無際限の拡大とひきかえに、人間の生存の根拠を破壊していく。だから人間とその建築にも倫理が必要であり、そのためには、自然過程と人間の思考過程（脳過程）の連続性を回復していくための存在論的転回が必要である。

伊東豊雄さんはこのような考えに共鳴された、数少ない建築家であった。伊東さんはル・コルビュジエからもっとも大きな影響を受けて建築を志した方だが、ル・コルビュジエの建築思想そのものの中に、モダニズムを超え出る思想の萌芽が力強く活動していたことを直感し、その思想の萌芽を、自分の生きる「現代」に復活再生させたいと考えていた。そのような考えの持ち主の目に留まったことは、あの文章の得た最高の勲《いさお》ではなかったか、とぼくは感じてきた。

2

3・11東日本大震災は、人工的な世界から分離され、人間によって管理されているはずの自然が、さまざまな防御壁を乗り越えて人為の世界に侵入し、巨大な爪痕を残していく出来事だった。自然がいわば「強制的」に、人間世界との連続性を回復しようとした出来事と言ってもいい。これをきっかけにして、日本人のあいだには、人工や人為を自然過程から切り離すことができ、人為によっていくらでも自由に自然を操作できるという幻想にたいする、深刻な反省が芽生えた。

この頃から、おもに若者のあいだに農業や漁業や林業にたいする関心が深まり、地方への移住を敢行する人々が増えてきた。お金を中心に動く世界は、できるだけ自然過程から切れていることを望んでいる。そのために天候や海流の動きや大気中の二酸化炭素濃度などのことは、経済の「外部」の要素という扱いを受けている。しかし、自然を相手におこなわれる農業や漁業の場合は、そうはいかない。お金の経済が「外部」として扱おうとする、その「外部」のまっただなかで仕事をするのである。自然と人為とのあいだに形成される「ループ」そのものが、産業のかたちとなっている。東日本大震災のあと、自然過程と人工過程を媒介する領域でおこなわれるこれらの産業に、新しい大きな関心が盛り上がってきたのも、目覚ましい変化であった。

その頃である、伊東さんとぼくは頻繁に出会って、意見を交わし合うようになった。伊東さんは「帰心の会」という建築家を中心とする集まりを主催するようになり、被災地の復興にも積極的に関わるようになった。建築家が出したアイデアを地域の人々に「上から与える」ような関係を否定して、建築家と地域の人々との話し合いの中から最適解を出していくという方法が模索された。そしてその試みをとおして、「みんなの家」という、国際的にも高い評価を得たすばらしい作品が生み出された。

伊東さんとぼくは、公開の場所にも積極的に出ていって、二人の対話を、多くの人たちに直接聞いてもらおうとした。それまで思想として考えられ、語られてきたことが、現実の中で力量を試されていた。ぼくたちは建築や思想に、存在論的転回がもたらされなければならない、と強く思っていた。
世界のほんとうの主権者は、古代のギリシャ人が「ピュシス」と呼んだ自然過程そのものにある。人間は文化の名のもとにピュシスの主権を奪って、その上に恣意的な人工過程を据えてきた。大地の上に構築される建築こそが、その代表者として君臨してきた。現代文明を基礎づけているそのような「図式」に、重要な変化をもたらすこと。これがその頃おこなわれた対談を中心に据えた、『建築の大転換』という本が、めざしたことである。

3

新国立競技場の問題が浮上してきたとき、伊東さんもぼくも、これがいままで自分たちが思想の課題としてきた、自然と人工の連続性の上に立つ建築という主題の根幹にかかわっていることを、即座に理解した。デザインコンペを制したザハ・ハディド氏の「脱構築主義」的な競技場案は、その容姿においても、ビッグネスの極致ともいうべきサイズにおいても、予想される建設費用についても、ぼくたちの思想が真っ向から立ち向かうべき「敵」であった。

ましてや、ぼくにとっては、宗教的聖地に建てられる建造物として、自分の思想の深い部分にかかわる重要性をもっていた。明治神宮外苑という空間は、東京という現代都市の中で、特別な意味をもっている。そこは皇居と同じように、現代の資本主義や政治権力の影響力が侵入してくることのできない、アジールとしての「空虚な中心」の一つなのである。これらの「空虚な中心」をもつことによって、東京と現代日本はグローバル化した市場経済の渦の中にあって、かろうじてあてどない漂流から守られている。

この「空虚な中心」の主人公は、人工的につくられた森である。隅々に至るまで、科学的に予測され、設計され、人間によって管理もされてきた森である。しかしその管理や設計は、あくまでも自然過程の自生的成長を促すためにだけ施されてきた。そのため、明治神宮の内苑と外苑は、自然過程と人為がみごとな共同作業を実現してきた、日本文化のモデルのような空間をつくってきたのである。そのような特別な空間に、はたしてザハ氏の今回の建築案がふさわしいか。ぼくたちは建築と環境の一体性をめぐって、再び語り合うことになった。

『建築の大転換』という本は、小さな火花である。この小さな火花がいつか荒野を焼き尽くす存在論的転回の火にまで成長してくれることを、ぼくたちは願っている。

はじめに

中沢新一

「大転換 Great Transformation」は、経済学者のカール・ポランニーが自分の本のタイトルにつけたことばだが、大震災の直後から、私の頭の中でこのことばが鳴り響いてとまらなくなった。

ポランニーのこの本は、一九二九年の大恐慌にはじまる世界構造の変化の本質をとらえようとして書かれた。その時代と現在進行中の出来事は、その本質があまりにも酷似している。大震災とそれに続いて起こった出来事が露呈させた、私たちのこの時代をひとつの「大転換」としてとらえることによって、一瞬かいま見えた未来への道を、大きくこじあける試みをはじめなければならない。あらゆる領域で、それがはじめられなければならない、と思ったのである。

そこで私は、これまでの自分の仕事すべての意味を、この「大転換」の視点から問い直してみようと考えた。自分の前に新しい文脈のなかで、これまで重要だと思いこんできた文化や思考が、すっかり空洞化して無意味になっていく光景を、何度も見届けることになった。これまでの私の仕事は、どちらかというとものごとのポジティブな面を肯定的に描くことに重きを置いてきたが、今後はそのポジティブなものを破壊から守るために、批判と闘いのための言論に、積極的に改造していこう、と考えるようになった。

そういう考えをめぐらせていたとき、建築家の伊東豊雄さんと震災前から続けていた建築をめぐる対話の意味が、はっきりと見えるようになったのである。大震災の前にはまだ曖昧にしかとらえられていなかった、二人の組み合わせから生まれ出ようとしている思想の芽が、どんな意味をもっているのかが、くっきりと立ち現れてきた。

私は前々から、伊東さんの建築における仕事と、自分が思想の領域でおこなっている仕事とのあいだに深い共通点があるのを、直感的に感じ取ってきた。日本人の建築家に多い、西欧的なクリティック思考とは異質な回路をつうじて、建築の普遍的な意味を探っている姿のなかに、心強い自分の「仲間」の存在を感じていたと言ってもいい。そうすると伊東さんのほうでも同じことを感じていたらしく、そのうちに親しい対話をするようになった。この本は、そういう対話のなかから、人前でおこなった対話の記録だけを集めてつくったもので、まあ言ってみれば「演じられた対話」のようなものだけれど、二人とも素直だから、常日頃話をしているときとあまり変わらない雰囲気と内容に、出来上がっている。

建築という知的なシステムの外部にある自然を、どうやったら建築の内部に取り込むことができるかを、伊東さんはじっさいにつくる建築をとおして考え抜こうとされてきたが、それは建築物も芸術作品もつくらないというやり方で、私が探求してきた問題にほかならない。二人が抱えるその共通の主題を、対話はまるで彫刻作品のように、見えるフォルムに浮かび上がらせてくれた。

藤森照信さんを交えての鼎談（本書第三章の3）がおこなわれたのが、三月十日の夜だったことを、よく覚えている。このとき山国育ちの三人は、しきりと海の近くに住むことの不穏を語り合った。予感でもあったのか、大地震を体験したあと前夜の発言を思い返して、三人ともひどく落ち込んだことが、あとになってわかった。伊東さんは、すぐに東北に駆けつけて活動をはじめた。私たちの対話が、大震災をきっかけにして、あきらかに次のステージに突入したのが、はっきりわかった。

たぶん、建築を語る文脈も、あの日を境にして一変したのではないだろうか。大震災、原発事故、TPP問題と、続けざまに日本人に襲いかかっている危機によって、百数十年前に開始された日本の近代化が抱え込んできた問題の本質が、最後のベールを脱いで本性をあからさまにしめそうとしている。建築はそういう問題の本質を象徴的にしめすとともに、覆い隠しもする存在だった。これまでの建築を取り囲んでいた意味群が、いまバラバラと解体しはじめている。

ここを切り抜けることができなければ、おそらく日本の文明は滅びの道に入ってしまう。建築にかかわる人たちが、この本に語られている「大転換」への呼びかけを、自分のこととして受け止めてほしいと心から思う。

たくさんの人の協力によって、この本は出来上がっている。いろいろな機会に話された対話を拾い集めて、一冊の本にまとめあげてくださった川上純子さんの編集作業、ネゴシエーターとしてスムーズな本づくりをかなえてくださった筑摩書房の小船井健一郎さんの実務作業、資料の整理にあたっては芸術人類学研究所の石倉敏明さんの調査作業などなど、みなさんどうもありがとう。

第一章　東京と現代日本の大転換

――「新国立競技場」問題を問いなおす

明治神宮ができるまで

中沢　ぼくは新国立競技場計画をめぐる問題が起こってから、明治神宮について詳しく研究してみました。すると、大変驚いたことがたくさんありました。

明治神宮がつくられた経緯を振り返ってみますと、まず、明治天皇が亡くなったあと、御陵《ごりょう》（お墓）自体は京都につくることになったので、東京の市民は大変がっかりした。それで「明治天皇を記念する施設を東京に設けたい」ということが発端となり、明治神宮がつくられることになりました。この流れは明治天皇崩御《ほうぎょ》の直後から起こったようです。その過程で、国民的な関心は非常に高まっていきました。東京に明治天皇をお祀りする施設をつくること、そして、ごく初期の段階で、内苑《ないえん》と外苑《がいえん》という二重構造で造るという案が決まりました。

内苑は代々木地区、つまり今の原宿駅の裏につくり、外苑は青山近辺——練兵場があったところです——に造ることに決まるんです。そして、内苑は、鬱蒼《うっそう》たる森にすることになりました。鬱蒼たる森といえば、当時の常識的な考え方では、神社なら杉の大木が並ぶ森です。伊勢神宮を見てもわかると思います。

ところが、明治神宮をつくるときには、そういう考え方は取られなかったんです。

当時の写真を見るとわかるのですが、代々木のあたりは荒れた土地でした。まばらな松林があり、その一角に大名庭園があっただけ。そこを森につくり替えることになった。つまり明治時代の科学者や技師たちは、そういう目標を自らに課したわけです。しかも、杉のような針葉樹で森をつくってはいけない、落葉広葉樹、つまり照葉樹を中心とした森を百年計画でつくらなければ、と考えた。「百年たって、初めて明治神宮の森ができるような構造につくろう」という計画を立てたのです。

彼らは、当時の造林学の最先端知識を駆使すると同時に、日本の伝統的な神社の森を丹念に研究し、あの森をつくりました。ごく初期の写真や絵を見てみますと、大鳥居（一の鳥居）のまわりには照葉樹の小さな木が植えてあるだけで、高い木は松しかありません。それが今は完全に逆転して、巨大な椎や樟が生い茂る森に育ちました。こうして、内苑には、神様を祀るための森がつくられました。

一方、外苑はどうするか。外苑は内苑と隣接していますが、その中心は絵画館です。絵画館は明治天皇の偉績を記念する絵画を展示する場所であり、そのまわりにスポーツ施設をつくるという二本立ての計画となっています。そして外苑の設計には内苑の森の設計が深く影響を及ぼしており、まさにこの二つが一体になって明治神宮をつくっています。この構成を実現するために、当時の日本人は最先端の知識を動員したのでした。

さらに、当時の国民は、マスコミを通して、神宮の創建計画にものすごく口を出しています。いや、国民は口だけではなく、手も出していたのです。

「手を出した」というのはどういうことかと言いますと、まず植林を行うときに、十万本の苗木を全国から献木しています。植樹作業にも協力しました。国民たちは自ら、東京という都市の中に、日本が目指すべき文明の形を先取りした場所をつくろうとしたのです。

当時の日本人は大変まじめだったし、東京の都市空間をつくることに非常に真摯な思いを持って取り組んでいました。建築家もまじめだったと思います。科学者たちも、自分が持てる能力の最善の部分を投入して、内苑と外苑をつくり上げたわけです。ひるがえって、あれから百年近くがたち、明治神宮外苑に新国立競技場問題が起こったあとの日本人の行動を見てみると、ぼくは大変恥ずかしい。それは、今回の計画が、そもそも明治神宮がどういう意味を持ってつくられたのかという歴史や、あの神宮が国民の知識と知恵と想像力を総動員してつくられたのだということの意味を、一切考慮に入れずに立てられてしまったからです。しかも、現在のみに目を向けて、スポーツ、エンターテインメント、それからもたらされる収益という経済的な価値ばかりを前提にして、計画を推し進めようとしている。本当に恥ずかしく思います。

ザハ案に対して建築家は何をしているのか

中沢　伊東さんとは前から親しかったのですが、この問題が起こって、ぼくは自分の思いを建築家にぶつけたいと思っていました。「いったい建築家は何をしているんだ」と。国際コンペが行なわれて、イラク出身でイギリスで活動しているザハ・ハディドという建築家の案が選ばれましたが、彼女の案は巨大なものをつくる計画です。この巨大なものは、完全にコンテクストを無視します。コンテクストを無視するというのはザハの思想ですから、建築として、それはそれで結構です。

しかし、コンペであれを選んだのは日本人です。外国の審査員は結局日本に来なかったのですから、日本人だけで選んだわけです。そのとき、その日本人たちは、自分たちの先祖がつくり上げた、この明治神宮界隈の景観の意味というものを、まったく無視してしまっていたんですね。

コンペで選ばれたザハの案がこちらです（24ページ）。

この案の問題点については、あとで伊東さんに説明していただきますが、ぼくはこの案を見たとき、強い憤りを感じました。それで、伊東さんにそのことをぶつけまし

ザハ・ハディド「新国立競技場」
（上：2012 年 11 月の初期案／下：2013 年 11 月の修正案）
提供＝日本スポーツ振興センター／時事

た。実はそのときまで、伊東さん自身もそのコンペに応募していたことを知らなかったので、最初は「あ、まずいことをいっちゃったかな」と思いました。

でも、伊東さん自身も、ザハの案が選ばれたことで起こる状況を大変危惧されていました。そして、自分がコンペに参加していたということも含めて慚愧《ざんき》の念をお持ちのようで、この問題を一緒に考えたいとおっしゃってくれました。

これは、ある意味で、伊東さんのようなポジションの方にとっては危険なことでもあるし、デメリットも小さくないのでは、と思います。それでも、「そのことはいいんだ」「自分が泥をかぶってもいいんだ」ということをおっしゃってくれました。「今、この問題を放置してしまうと、次の世代、次のその次の世代に、大変申し訳ないものづくりをしてしまうことになる。二十一世紀の初めの頃、活動していた建築家たちが破壊を行なってしまった、ということになる」とおっしゃってくれました。

伊東忠太ほか、明治神宮を造った建築家も造園技師たちも百年先のことを考えて設計していた。そんなすばらしいものがこの東京の真ん中にあって、いまだに活き活きと生命を持っていることは、本当に驚くべきことです。今回の計画は、それをいとも簡単に壊してしまうという決断です。これは、大変恥ずかしいことではないか、とぼくははっきりと伊東さんに伝えました。そして、二人で対談をして週刊誌に発表しました。その中で伊東さんが、「新国立競技場は、改修を目指すのが最もリーズナブルでいいんじゃないか」ということを提案されました。なるほど、そういう可能性があったのか、と思いました。実際、ザハの案を破棄するならば、もう一度国際コンペをしなければいけない。そして、そんな時間はもうないでしょう。となると、最も可能性のある方向性として、改修案がありうることがわかったわけです（注：その後、解体作業は当初予定より遅れて二〇一五年三月に開始され、五月には更地の状態になった）。

伊東さんは、「新国立競技場問題に一種の活性剤、触媒を投げ込むようなつもりで自分の案を提出してみる」とおっしゃってくださいました。そして今日のシンポジウムに至ったわけです。こうしたことを踏まえて、これから、伊東さんが今お考えになっている改修案と、そこに至るまでにどのような思考を展開されたのかということを説明していただこうと思います。それではよろしくお願いいたします。

コンペでは多すぎる条件が要求された

伊東　「お前はコンペに参加して負けたじゃないか。負けた人間が、どうしてぬけぬけと改修案を発表しているんだ。なぜそんなことができるんだ」と思われる方もいらっしゃると思います。

それには二つの理由があります。一つは、ザハの初期案が選ばれた経緯について、思うところがあるからです。まずコンペ自体は、オリンピック誘致をするために行なわれました。応募期間は非常に短くて、わずか二カ月で準備して応募しなければなりませんでした。そうしたコンペにおいて、ザハのあの初期案が選ばれたのはなぜか？　できるだけかっこよくて目立つ案を選ぶことで、オリンピックを東京に誘致する後押しにしたい、と審査員は思ったのでしょう。

ところが、ザハの初期案は、そのままつくろうとしたところで敷地をはみ出していますし、お金ものすごくかかるのは目に見えていました。だから、向きをひっくり返したり規模を縮小したりした修正案が出てきました。

でも、これについても、最終的な基本設計はいまだにまったく知らされていません。こういう状況を眺めていると、ザハも今の案では嬉しくないのではないか、とぼくは思ってしまいます。そして、何より非常に不思議なのは、これだけ大きなコンペをやって一年半も経っているのに、いまだに「この案はこんなに素晴らしいんですよ。中はこうなっていますよ。まわりはこんなふうにランドスケープも考えられていますよ」という詳しい内容が、まったく出てこないこと。誰が考えてもありえない話です。ぼくは、このことが非常に不可解でなりません。もし、納得いく説明がされていれば、今日ここに来て発言することもなかったでしょう。

伊東　もう一つの問題は、応募した人間でないとなかなかわからないことなのですが、今回のコンペは、とんでもなく難しい条件を要求されているという点です。

こちらがぼくの応募案です（30〜31ページ）。

たしかに、上から見た姿は、誰が見てもザハのほうがかっこいいと思いますよね（苦笑）。中沢さんだって「これは全然だめだ」と思っていたかもしれません。

中沢　いやいや（笑）。

伊東　でも、こういうデザインになったのには、合理性があってのことです。お断りしておきたいのですが、ぼくは「俺の案のほうがいい」といっているのではなくて、比較していただくといろんなことが見えてきますし、それに、ザハの案が抱えている難しさも見えてくると思って、説明している次第です。

まず、この開口部ですが、サッカー場の芝を育てるには、このくらいの大きさが必要です。厳密なシミュレーションをして導き出した大きさです。日照条件を細かく確認していくと、おそらくこのくらいの面積が開閉しないといけない。

同時に、音楽イベントでの使用も条件として求められましたが、ロックなどのコンサートを行なうとなると、大きな音が外に響きます。だから、閉じたときには、高い遮音性能がなくてはいけない。さらに、雪にも耐えなくてはいけない。そういう問題を考えて、このデザインになりました。

ザハ案と高さを比べてみましょう。ぼくの応募案は高さ五十メートルで納めています。今のスタジアムは三十メートルですから二十メートルくらいは高くなりますが、七十メートルというとんでもない高さではありません（32ページ上）。ましてや、今発表されている、さらに縮小された案で見れば、これより小さくてすむ可能性もあるわけです。

メンテナンスだけでも莫大なコスト

こちらが、おそらく現在（注：二〇一四年五月）進められているとされている案です（32ページ右下）。このイメージを見ると、今回の競技場の難しさがよくわかると思います。

まず、コンサートを開くときには屋根を閉じなければいけない。サッカーをやるときには芝のピッチがなければならない。それに、フィールドは陸上競技で使えなければならない。陸上競技やサッカーをするときには、両方のスタンドの位置がぐぐっと前に出てこなければいけない。スタンドの可動性が求められます。

伊東豊雄「新国立競技場」コンペティション応募案

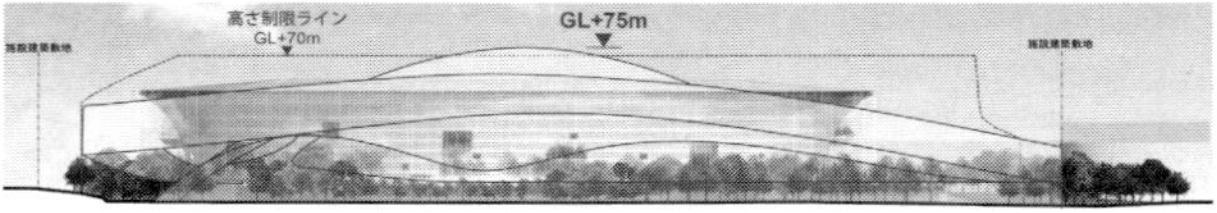

西側立面図

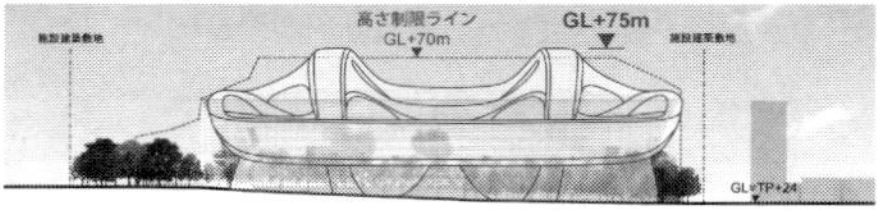

北側立面図

伊東応募案とザハ応募案の比較（高さ）

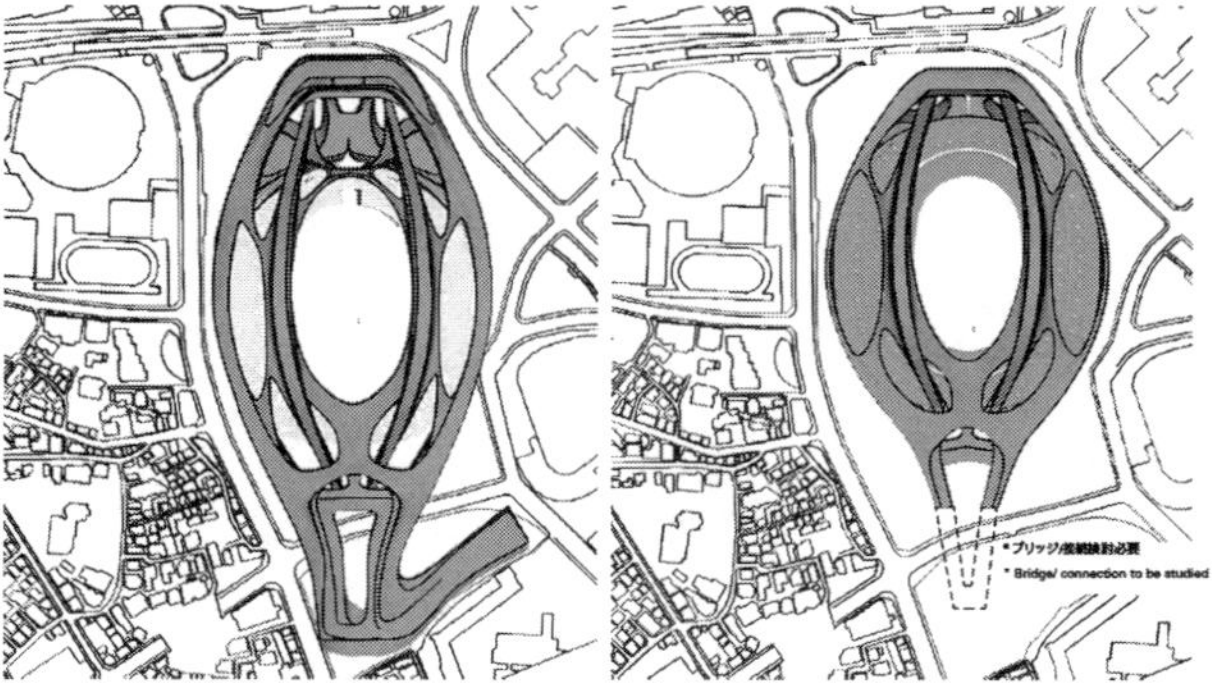

ザハ案の原案（左）と修正案（右）
提供＝日本スポーツ振興センター／時事

一方で、十万人級のコンサートを開く場合、芝の上に客席を設置してしまったら、一発で芝がだめになってしまいますから、別の床を上に被せるか、あるいは一旦芝を引っ込めて別の床を用意しないといけない。これはものすごく難しいことなのです。

次に周辺環境への影響です。イベントが開かれるといってもせいぜい年間四十日くらいではないかと言われています。残りの三百日以上は使われません。となれば、そういうときに周辺地区に暮らす人にどのような環境を提供できるのかということがとても重要だと思います。ぼくの案は高さ五十メートルですが、イベントがないときに、周囲の人に圧迫感を与える建物であってはいけません。

ぼくの提案では、競技場の周囲に水場を配置しています。水の上を通って涼しくなった風が中に入っていきます。また、コンコースは、普段は誰でも自由に歩ける場所になっています。毎朝散歩してもいいですし、雨が降っていてもジョギングができる場所になります。もちろん、ジョギングや散歩は外もできます。さらに、水の上を通って涼しくなった空気は穴のあいたレンガを通って、もっと涼しくなって競技場に抜けていきます。

また、自然エネルギーを利用する工夫として、屋根の上も可能な限り全部ソーラーパネルを貼りました。その結果、あのような、のっぺらぼうの屋根になったわけです

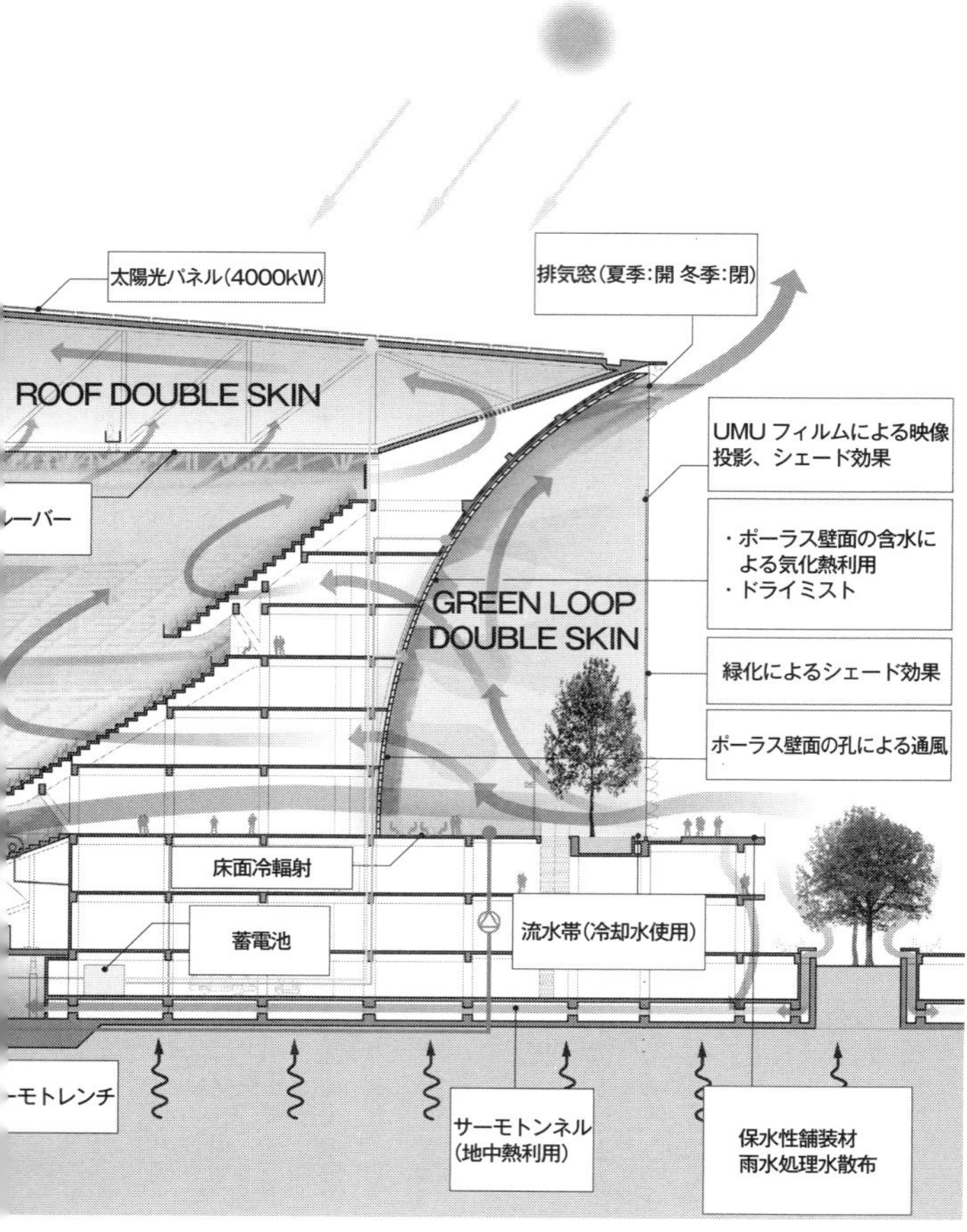
太陽光パネル(4000kW)
排気窓(夏季:開 冬季:閉)
ROOF DOUBLE SKIN
UMU フィルムによる映像投影、シェード効果
ルーバー
・ポーラス壁面の含水による気化熱利用
・ドライミスト
GREEN LOOP DOUBLE SKIN
緑化によるシェード効果
ポーラス壁面の孔による通風
床面冷輻射
蓄電池
流水帯(冷却水使用)
ーモトレンチ
サーモトンネル(地中熱利用)
保水性舗装材
雨水処理水散布

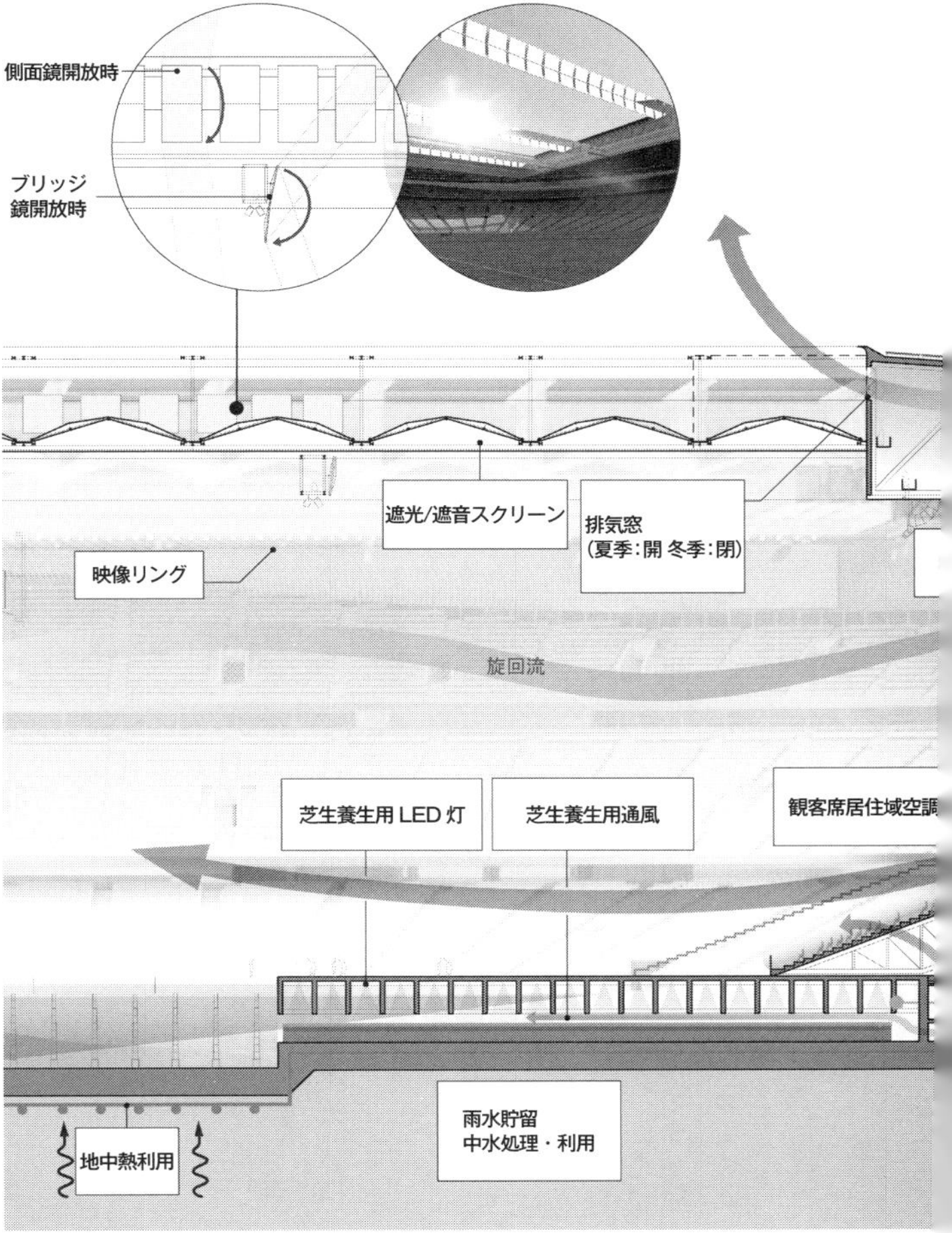

伊東案の太陽光追尾反射パネルシステム

伊東案の新国立競技場周辺の様子

けれども（笑）。

　さらに屋根の遮音の問題、それから芝の収納の問題があります。イベントを開催するためには、芝の面を両サイドに収納し、そこにイベント用ステージを出すしかありません。

　このように、要求されている条件を満たすとすると、装置だらけになるんです。屋根の開閉装置があり、芝の養生のための可動装置があり、サッカーとフィールドのための移動の観客席の装置がある。装置が増えれば、設置するコストもかかるし、メンテナンスのコストも相当積み上がってきます。

なぜ、あえて改修を提案したのか

現在設計を進めているとされているイメージを見ますと、遮音性能は充分なのだろうか、という気がします。建築家の目で見ると、あの屋根はおそらく「膜」でつくるしかないと思いますから、そうなると遮音性能はあまり高くないでしょう。もちろん、最終案の詳細がいつまでたってもまったく発表されませんから、実際のところどうなっているのかまったくわかりませんが。

こういう状態なのですから、今ある国立競技場を改修して使えばいいし、イベントは開けないなら、やらなくていいんじゃないかと思います。雨が降ったらイベントができないといっていますが、例えばポール・マッカートニーがそれでもいいと言ったらやる、とか(笑)。イベントでの使用は、そのくらいの取り組み方でいいんじゃないかと思います。

今となっては、膨大なお金をかけ、しかもランニングコストのかかる新競技場をつくるより、改修案でオリンピックの開会式を迎えたほうが、今の時代に合っているんじゃないかという気がします。

それで、先日『週刊現代』で中沢さんと対談をした時に「改修して使ったほうがいいんじゃないですか」ということを申し上げました。もちろん、そのときには、自分が改修案をつくるつもりはなかったんですよ（笑）。
中沢　そうなんですか？
伊東　ぼくがやらなくてもいいだろう、と思っていました。でも、誰もつくらないし、中沢さんから「お前、つくれ」と言われたので、ぼくはしぶしぶつくったんです。

伊東豊雄の改修案とは？

伊東　改修したら、こんなことができるという例が、こちらの案です（40ページ）。説明していきましょう。

上が現在の競技場です。右側は絵画館ですから、まったく手を加えません。競技場の一部が道路にはみだしていますが、いわゆる「既存不適格」の部分です。

改修案では、写真の左側を拡張します。おそらく誰が改修案をつくったとしてもこうなるでしょう。ちょうどメインスタンドにあたりますから、ここを広げるのがいい。

現在の競技場は八レーン。これをそのままにしていいなら、仮設のスタンドをつくればいいだけなので、本当にお金のかからない改修ですみます。しかし、今の時代、国際試合ができる大きな競技場は九レーンがスタンダードです。だから、もう一レーン、外側に増設しなければなりません。

単純に考えれば、スタンドの最前列二メートル分を削れば一レーン増やせるのですが、そうすると、スタンド最上部から、最前列の目の前のフィールドが見えなくなります。となると、フィールドを上に上げないとまずいという問題が出てきます。

そこで解決策として、フィールドを九レーンにして、しかも一レーンの幅を十センチメートルずつ伸ばして今のスタンダードに合わせて、そのうえで客席スタンド全体を西側に二メートルずらす。東側の約三割五分くらいは既存のものを撤去して、このフィールドが収まるようにする。

現在の競技場は西側の二カ所にエキスパンションジョイントがありますから、そこから先を壊して新たにつくり直します。二段と三段、どちらもあり得ますし大差はないのですが、三段にしたほうが、敷地の境界からはより多くの余裕を持つことができます。

また、現在の競技場は、ロッカールームや会議室といったバックヤードの設備が時代遅れになってしまって使いづらいそうなので、あわせて一新します。メインスタンドの下に大きなボリュームができるのですから、刷新は可能です。

そうすると、五十メートルより少し高いくらいのところで屋根をかけることができ

建て替え前の国立競技場の様子（2014 年 5 月 25 日）　　　提供＝時事

バックスタンドを残したメインスタンドの建て替え増設 2 段案

ますね。屋根はメインスタンド側だけに限定します。東側のスタンドはできるだけ絵画館を圧迫しないように、今のままで置いておきたいと考えます。

　これが、ぼくが改修を考えたらこうなる、という案です。

中沢　伊東さんにこんなことをさせてしまってすみませんでした（笑）。いくつか質問させていただいてもよろしいですか？　スタンド二段分または三段分の客席を増設しますね。この増設によって、おそらく現在より収容人数が二万人ほど増えるということですか？

伊東　現在の競技場が五万人強ですが、オリンピック開会式では八万人を入れたいということですね。ロンドンオリンピックも八万人だったと思います。

中沢　そしてこの案は、八万人収容という要件を満たしているわけですね。

伊東　それが大前提です。

中沢　増設した座席は、オリンピックのあとは撤去する予定なのですか？

伊東　九レーンにするなら、スタンド部分も恒久施設にしたほうがいいでしょう。基礎部分についても、もちろん耐震改修はしますから。

中沢　その話を聞いて思うことがあります。現在の建築の流れを見ていると、高層建築が次々につくられていますが、伊東さんの案のように既存のもの、それも、たとえば五十年過ぎているようなものを改修して、最新鋭の設備を整えながら、今のニーズにも合うような建築物につくり直していくという考え方は、ぼくは将来の建築の思想の中では、非常に重要なものになってくると思います。

もし、新国立競技場がそういうような思想でつくられたら、公共建築のあり方の未来にとって、日本人からの提案としては、とても斬新なものになると思うんですね。

都市の歴史を発掘していく時代へ

伊東　そうですね。今、近代主義でつくられた建築を、これからどうやって壊すのか、あるいは保存するのかということが、あちこちで問題になっています。そういう時代において、国の一大イベントのための競技場を、古いものを改修しながら使うとなれば、大きな一石を投じることになるだろうと思います。
ぼくは先月、ヴェネツィアのビエンナーレの日本館に行ってきました。吉阪隆正さんが六十年近く前に設計された建物なのですが、改悪を重ねたせいで、かなり見苦しいものになっていました。それを石橋財団（ブリヂストン創業者の石橋正二郎が創設）が資金を提供してくださることになり、改修したのです。実は元の施設も石橋財団の寄付によってつくられた施設なので、それを改修してほしいという依頼だったのです。

それで、吉阪さんの最初のコンセプトとデザインに極力近い形に戻しました。

おそらくぱっと見ただけではわからないくらいの地味な改修です。庭園も吉阪さんの時代の庭園に戻しました。この仕事をしてみて、都市に新しいものをつくりだすのではなく、都市の中で発掘していくような作業が、これからとても重要なことになるのではないかなと思います。

「でも、お前は（国立競技場を）壊すコンペに参加したじゃないか」という声もあるでしょうね。ただ、建築家としてはコンペがあったら「俺がやるぞ」という気持ちはあるし、やってみて初めてわかることも多々あるんです。「こんなにでかいの？」「こんなにいろんなものを動かさないとだめなの？」とか、それはやってみてわかること。やらない建築家たちが、「なんでこんな大きなプログラムのボリュームにしたんだ」とか言っているけれども、やってみると、どうしてそんなことになっているのかという問題の根源がよくわかりました。

中沢　ぼくが今日、伊東さんを呼んで本当によかったなと思うのは、話にリアリティがあること。つまり、大きいものをつくるという喜び——喜びと言ってはいけないかもしれないけれど——建築家としての喜びというのをよく知っている人が、新国立競技場計画に関しては、今のザハ案で進んでしまったらまずいと思っている。しかも、その延長上に改修案をつくったということが、ぼくは意味があると思うのです。なので、伊東さんが悪口を言われるようなことがあれば、ぼくが前に出て――なんの力にもなれないかもしれないけど――盾になろうと思います（笑）。

伊東　いやいや。ぼくは大丈夫です。この歳ですから（笑）。

でも、改修案であれば、予算は半分以下で済むんですよ。

中沢　そう、もう一つ重大な問題は、予算の問題ですね。

伊東　そうですね。

中沢　現状で千七百億円を超える金額が予定されていて、そのうちの五百億円くらいを都が負担することを、猪瀬（直樹、前東京都知事）さんが決めたわけですけれども、舛添（要一、現東京都知事）さんがそれに対して、「いや、それは聞いていないよ」という話になっていますね。都が五百億円を負担するのは無理だ、といえば、予算的にも大変難しい話になってくると思います。それから、ぼくが伝え聞くところによると、ザハさんの建築というのは、どんどん施工費がかさんでくるらしいですね。これは、建築家にはよくある話なんでしょうけれども。そういうことを考えても、予算的な問題が、実は大きなネックになっているのだろうと思います。

予算の問題は今のところまだあまり取り上げられていません。ですが、もし伊東さんの改修案でいくとしたら、予算はどれくらい縮小できるとお考えですか。

伊東　今、進められている案が平成二十五年十一月に日本スポーツ振興センターから出された「新国立競技場基本設計条件（案）」となっていて、これを見る限りは、現時点での見積額は千四百十三億円（本体工事）。これに加えて、周辺整備工事三百七十二億円、現競技場解体工事六十七億円。総額で約千八百億円になっています。

改修の場合は、三分の一くらいの部分を新築したとしても、おそらく費用は千四百億円の半分以下にはなるんじゃないかという気がします。ただ、今は建設費が高騰しているので、ザハの案にしてもぼくの案にしても条件は同じように響いてきます。とはいいえ、改修でいけば、おそらく半分以下ではいけると思います。

これからの日本に必要な建築とは何か

中沢　改修案にはいくつかのメリットがあると思いますが、もう一つのメリットは、東京オリンピックのあとのメンテナンスです。今のように、エンターテインメントや屋内スポーツのイベントを開催するには、遮蔽《しゃへい》できるルーフも必要だし、大掛かりな空調システムも不可欠です。となれば莫大なメンテナンス費用がかかる。これは、この計画に危惧を抱いている人たちがみんな指摘していることです。年間三百日くらいは使用されないのに、その間、莫大なメンテナンス料だけが費やされていく。
それに比べると、改修案でいけば、ロックコンサートやプロレスのイベントは開催できないかもしれないけれど、メンテナンス費用は非常に少なくてすむという利点がある。

伊東　建築エコノミストの森山高至さんの話だと、新国立競技場の年間収入は五十億円とされていて、そのうちイベント興行収入の見込みは十二億円。半分にも達していません。それなのに、イベントのために建築的に無理の多い計画を実行し、それでなおかつメンテナンス費用もかかるとしたら、合理的ではありませんね。イニシャルコストとランニングコストを合わせて、立て直しと改修のどちらのほうがメリットがあるかと考えると、ぼくは、イベントをやめるほうがはるかに経済的だと思います。イベントは新国立競技場でやらなくてもいい。

中沢　イベントをやるなとはいいませんが、新国立競技場計画に盛り込むのは無理やり感がありますよね。

伊東　イベントをやるためには屋根もかけないといけない、と言っているけど、逆にそのせいでとてつもないイニシャルコストとランニングコストがかかるのは本末転倒でしょう。この矛盾について、きちんと説明してほしいという気は、すごくします。

中沢　しかも、そのメンテナンス費用は税金ですから、将来的に国民が担っていくことになります。ぼくらが今、短期的な収益を考えて現行案で新築をやってしまった場合、二〇二〇年以後の世代に大変な負担をかけることになります。少子高齢化が進む中で、日本がこれから向かっていく社会の方向性を考えると、今の計画は絶望を招く決断になると思います。

既存のものを改修していくという方向で、新しい世界をつくっていくことは、人口が減り、GDPも小さくなる日本が、よい世界をつくっていくために取るやり方としては、そっちの方向しかないんじゃないかと、ぼくなんかは考えます。

伊東　おっしゃるとおりだと思います。競技場に限らず、二十一世紀の建築のテーマは、いかにもっと自然の力を利用して、エネルギーを使わないですむかということ。このテーマを日本から強く発信していくことが、建築家にとっての最大の責務であり使命であると思っています。そうなると、現行の案は、そういう工夫があるのだろうか、と思うわけです。

逆に、この案を進めている人たちは、なぜ「この案はこんなにいいんですよ」ということを説明してくれないのかなと思うんですよね。とにかく、一切説明がないのも、不思議なことです。

根本的なエコロジー

中沢　伊東さんも建築家なので、こんなことを言っていいのかどうかわかりませんが、建築家の方々はよく「エコロジーが大事」とおっしゃいますが、どうも口先だけに見えて仕方がないところがあります。ところが、明治神宮の内苑・外苑をつくった建築家や技術者たちは、もっと根本的なエコロジーを考えていたんです。百年先の生態系を見据えた計画を立てていたんです。現代の建築家の方々には、表面上のごまかしではなく根本的な構造として、社会と自然との関係、それから長いスパンを持った計画性、そういう意味でのエコロジーを考えてほしいのですが、この部分があまりにも欠如していて、それが露呈したのが今回の問題だと思います。

例えば、新国立競技場のコンペの審査員のなかには、「環境に配慮した建築が大事」と言っている方が何人もいらっしゃるじゃないですか。それを売りにしているといってもいいくらいの方もいらっしゃる。ところが、「その人たちがいっているエコロジーというのは、いったいなんだったの？」ということが、今回露呈しちゃっているような気がするんですね。

伊東　コンペが始まるときに、安藤忠雄審査員がこんなことを新聞で言っていました。

「地球上の資源やエネルギー問題を踏まえ、環境計画や設備計画をしっかりと見ていきたい。神宮の杜全体まで見渡した提案を期待しているほか、開閉式屋根にすることで生じる芝生の管理方法なども重要になってくる」。こうおっしゃっていたわけですが、いったいどうなっているのか。ぼくは、安藤さんがおっしゃっていることは、本当にその通りだと思うんですよ。

中沢　その通りに実現できたらすばらしいですよ。

伊東　うん（笑）。これこそ、二十一世紀の建築のテーマだと思います。

中沢　だから、建築家にはエコロジーが足りないんだと思いますよ。

伊東　はい（苦笑）。

新国立競技場の問題は東北の防潮堤と同じ

伊東　ぼくは、今回の国立競技場の問題と、東北の震災被災地に防潮堤《ぼうちょうてい》をつくる計画の問題は、まったくパラレルだととらえています。防潮堤の計画についても、いっさい住民に説明がないままに、なにがなんでも防潮堤をつくることになっている。住民の人が「いらない」と言っているのに、とにかくつくる、という計画だけがどんどん進んでしまっている。

中沢　まさに、新国立競技場のザハ案と同じですね。

伊東　あんな防潮堤をつくったら、人の暮らしは一変してしまう。それなのに、何の説明もない。このことに対して、ぼくは非常に不信感を覚えています。

ザハの案も同じで、「この案はこんなにいいんだよ。これのいいところは、ここなんだよ」ということをちゃんと説明してくれたら、ぼくがこんな代替案を出す必要はないし、きっと「それはいいですね」と言っていたと思います。

先日、フランスのパリにあるマラケ国立建築大学――フランス一の建築の名門校です――のナスリン・セラジ学長と会ったときに、この話になりました。彼女もこの問題のことをよく知っていて、「あれはよくない。一緒になって闘いましょう」と、向こうから言われました。そして、声明文を送ってくれたのです。これからの時代にあるべき新しいモニュメントをめぐる文章です。一部を引用しましょう。

「排他的ではなく、包括的なモニュメント。浪費的ではなく機知に富んだモニュメント。非難するのではなく、聞き入れるモニュメント。抹消するのではなく、建設的なモニュメント」

さらには、国立競技場の改修をザハさんにやってもらってもいいじゃないか、という提案は成り立たないんでしょうか、ということまで書かれています。そういうことが可能なら、ぼくも素晴らしいと思います。

新国立競技場の問題とは、つまるところ、明治神宮の問題です。明治神宮というのは神社です。神社というのは当たり前だけど神道の世界の話。神道の人たちが考えるべきいちばん重要な部分にも関わっている問題であるはずなのですが、にもかかわらず、何の声も聞こえてきません。お上で決めたことに従っているようです。こうなると、真の保守はぼくくらいしかいないのかなって思っちゃうくらいです。

大きく時代は変わりつつあって、二十一世紀の建築や都市設計というものの思想も大きく変わってきている。その胎動はいろんなところに現れているけれど、まだ主流の人、大きな力を持った人たちのところには及んでいない。この現状が、非常に歪んだ状態をつくっています。その歪みがいちばんはっきりと現れたのが、この新国立競技場問題ではないかという印象を、ぼくは強く持ちました。

わくわくする新国立競技場案を

伊東　一九六四年のオリンピックのとき、ぼくは建築学科の三年生で、代々木のスタジアムができるのを、もちろん建築学科の学生だったということもありますが、それはもうわくわくしながら見ていました。新幹線の開通もそうです。秋に初めて新幹線に乗ったときには写真を撮りましたし。一九六四年のオリンピックは、それくらい素晴らしいものだったんです。

それに比べて、今、正直に申し上げて、たった一枚の絵しか見せてもらっていないけれど、今の新国立競技場案を見ていても、わくわくする気持ちがまったく湧いてきません。おそらく、今、会場には建築家の方々が何百人おられるかわからないけれども、みなさんほとんど同じような感じではないでしょうか。ぼくが耳にする限りは、みなさんそう思っていらっしゃるようですが、表立ってはあまり言わない。

新国立競技場をつくるのなら、わくわくするものをつくってほしい。ちゃんと未来につながっていく、わくわくするものを。

このことは、東北の被災地の状況を見て考えたことと通じています。震災であれだけの町が破壊され、たくさんの人が犠牲になった。それを復興しようということなら、どうして未来にむかって、新しい、二十一世紀のモデルをつくらないのだろうか、と。相変わらず二十世紀までの古いやり方でしか対処しようとしない。それがぼくには不思議でしょうがないです。復興計画だって、競技場だって、大きな予算があるのだから、もっと未来に向かう計画を立てられるはずなのに。本当に嘆かわしい。二十一世紀に、ぼくたちは何をしなくてはいけないのか。この問いの答えを探さなくてはいけないと思います。

国立競技場の問題は、今、最後の土壇場です。九回ツーアウト、土俵際です。でもここで、もう一回考え直すラストチャンスをなんとかしたいと思います。

中沢　（客席に向かって）みなさん、ぼくらが提案してる、この「改修でいこう」って考え方、リーズナブルだと思いませんか？

（場内から大きな拍手）

中沢　今日集まった方々の声をもう一度国民的な議論にしていきたいですね。槇先生たちが最初の火を投げ込んでくださいましたけれども、それが途絶えないようにしたいし、伊東さんが今おっしゃったように、もう本当に土壇場です。でも、何の議論もないまま、設計も出てこない、予算もいい加減という状態で突き進んでしまったら、私たちの国はどうなってしまうんでしょう？

もう少しマシな国にしなければいけないと思います。自慢ができる国にしないといけない。今いただいたたくさんの拍手は本当に嬉しかったですし（笑）、この議論の火を大きく燃やしていきたいと思います。

第二章　地域と公共性の大転換

——三・一一以後に建築は何ができるか

伊東豊雄

震災が起こったとき、私は東京の事務所にいました。大きな揺れを感じて、すぐに道路に飛び出しました。スタッフと道路に出ている間に震源地が東北だと知りましたが、あれほどの津波に襲われるとは、すぐには予想できませんでした。

最初に思ったのは、「せんだいメディアテークは大丈夫だろうか？」ということでした。すぐに連絡をとろうとしたのですが、震災当日は当然のことながら、まったくだめでした。翌日になってようやく連絡がとれて、せんだいメディアテークは構造的には問題がないけれど内部的には被害があり、七階の天井が落ちたこと、三階の書架から書籍が飛散したことを聞きました。うちの事務所のスタッフ数名が最初に現地に入ったのは震災から二週間目のことでした。その一週間後、四月の初めに私自身がメディアテークを訪れることができました。

実は、三月十二日がせんだいメディアテークの十周年記念イベントで、私も仙台市の奥山恵美子市長とともにシンポジウムに出席する予定になっていました。奥山市長はもともと市の職員だった方で、計画・建設段階では生涯学習課長として、また開館後は運営のトップに立つ館長として、メディアテークには深く関わってこられた方です。とにかく早く復旧しなければいけない、という気持ちを強くもって、スタッフたちとともに、メディアテークのために私たちができることをやろうと思いました。

せんだいメディアテーク（上：外観　下：３階図書館）
写真提供＝上：宮城県観光課

せんだいメディアテーク（チューブ）　撮影＝畠山直哉

メディアテークは、仙台市民図書館が老朽化したことを機に、図書館としてだけでなくアートや音楽などさまざまな文化活動を行なう場としてつくられたもので、じっさい仙台市において一種の文化サロンとして使われてきました。公共施設はたいていの場合、「用があるときしか行かない」場所になりがちですが、メディアテークに関しては「用がないときにも行く」場所になっていて、私はそれをとてもうれしいことだと思っていましたし、これこそ、公共の建築が本来あるべき姿だと考えていました。

震災後の仙台市を訪れてみると、外から見ている限り、街の中心は何事もなかったように見えました。しかしじっさいには、公共施設はほとんど閉館していましたし、問題がないように見える市内のマンションでも水やガス、電気などのライフラインが止まってしまっていました。そこで奥山市長に「メディアテークを早く再開して人々が集まれる場所にして下さい、私たちもやれることは何でもやりますから」とお願いをして、なんとか二ヵ月後の五月三日に再開し、四日にトークもさせてもらいました。このときの集まりには、仙台市や周辺から、「自分たちはいったい何をすればいいんだろう?」という思いを抱いた若い人たちがたくさん集まってくれ、本当に熱気に溢れていました。

メディアテークは最初は一階だけを開館したのですが、一階の広いスペースに置かれたブックモービル（移動式の本棚）に人々が立ち寄って本を借りている姿を見ていて、普段は装っていた空間がカジュアルな姿を見せているように思えて、とてもいいなあと思いました。メディアテークは現在（二〇一一年十月）、天井の落ちた七階を除いて、六階までは復旧し震災前と同じように使用されており、来年早々には七階まで完全復旧する予定になっています。

建築の公共性をあらためて考える

せんだいメディアテークは震災を経て本来の公共性をさらに明確に示すことになった、と私は思っています。私は若いころから、建築の公共性というものを「社会性」という言葉を使って考えてきました。とはいえ、そのときの「社会」というのは、「人間の集団」くらいのやや軽い意味だったように思います。

ところが、伊東建築塾での中沢新一さんの講義（本書第四章）では、「市場経済の原理で動いている世界」と「社会」を対比的に使われていて、そのことにはっとしました。社会とは、本来贈与によって成立している集団であり、そこには共同体がある。ところが、今は市場経済によって共同体が個人に分断されてしまっている、というお話がとても強く印象に残ったのです。仙台市は東北地方の中では最も市場経済原理が強く働いている大都市ですが、そういう場所にありながら何でもなく人が集まってくるという事実に、潜在している社会性にアピールする何かがメディアテークにはあるのだろう、と思います。

一方で、四月以降、仙台市東部の津波の被災地や岩手県の釜石市などに通っていますが、そこでは贈与とまではいかないまでも、共同体的社会がかなり残っていて、私たちが建築の対象としてとらえてきた世界＝都市とはかなり違ったエリアでした。そこではたと、自分が考えてきた建築とは何だったのだろう、と考えざるを得なくなりました。しかし、ここで立ち止まってしまったら何もできなくなるという気もしました。

世界は市場経済によって動かされていて、世界的な建築家と呼ばれる人たちもほとんどがその手先、道具になってしまっている、という感覚は今までも持っていましたし、そういうことに対してできるだけ意識的であろうとは努めてきたつもりでした。できるだけヨーロッパに行くようにしていたのも、ヨーロッパには社会、すなわち共同体的社会がまだ残っているように、無意識のうちに感じていましたし、ヨーロッパを信頼しているところがありました。

もちろん、ヨーロッパの状況も相当あやしくなってきています。私はラテン系の国が好きですが、スペインにせよイタリアにせよフランスにせよ、ずいぶん共同体的社会が心許なくなってきている気がします。それでも、そんな中にまだ息づいている共同体的な部分を発見しながら建築をつくっていくしかないと思ってきました。

しかし、そんな風に建築にとりくんできたつもりだったにもかかわらず、東北の被災地に行ったとき、「ああ、自分のやってきた建築とは何だったんだろう。ここで自分に何ができるのだろう」と思わずにはいられませんでした。だからこそ、ここで被災地の人たちとことんかかわって建築にとりくんでいきたい、という気持ちを強く抱いたのです。

復興「都市計画」への違和感を乗り越える

私は現在、仙台市や釜石市で、復興計画のお手伝いをしています。役所の言葉では「土地利用計画」と呼ばれるものですが、今回の計画は、今まで建築家が「都市デザイン」という言葉で手がけてきた仕事や考え方とはどうも違うものだという印象を受けています。

その理由の一つは対象となっている地域が、都市ではなく山村や漁村で、人口もせいぜい数万人程度であることです。だからこれは「都市」を建設しようという計画ではありません。

この二十年間、私は日本のさまざまな自治体の公共建築にかかわってきました。それぞれ異なる地域のプロジェクトにかかわってきたのですが、いつも自治体が考える公共性にたいする考え方と私たちの考える街づくりや公共性の思想の間に大きなギャップがありました。そして、釜石市のプロジェクトにとりくんでいるうちに、これと同じギャップを感じるようになってきました。

ではこうしたギャップや矛盾、違和感を私たちはこれまでどのように乗り越えてきたのか。その鍵は、自治体の側にいる人、官僚の中に、人間らしい感覚をもった人を一人でもいいから見出すことにありました。そうすると、その人を通じてその地域の中に潜在している社会を発見することができたのです。今、釜石市でも同じようにして復興計画を進めていけるように感じているところです。

建築家に何ができるのか、と考えるとき、結局はその建築物を使う人、そこに住む人の気持ちを汲《く》み取ることにつきるのかもしれません。仙台市で十月末に完成する「みんなの家」という計画がまさにそうで、被災者の方々の話を聞いているうちに自然に形になっていきました。

四月以降、せんだいメディアテークの修復のため仙台市に通う合間に、何かできることはないかと思い、被災地の避難所を訪ねていました。もちろん私だけでなくて、他にも多くの建築家が各地の避難所を訪ねて支援を行なっていましたが、そうした建築家の試みの多くは避難所にパーティション（間仕切り）を立てることでした。しかし、それはどうも自分のやりたいことではない、という気がしました。プライバシーの確保も大切なことですが、同時に、避難所の中に、人々が集まれる大きなテーブルを一つ設えたりするほうがいいのではないか、と感じていました。

震災後しばらくして仮設住宅が完成すると、そちらでも何かできることはないかと思い足を運ぶようになりましたが、そこであらためて感じたのは、避難所と仮設住宅はまったく異なる空間だということです。避難所では、同じ地区の人が身を寄せあっていることが多く、もちろんたいへん不便で暮らしにくい状況ではありますが、震災前の村落共同体、すなわち社会がおおむねそのままの姿で持ち込まれた生活が営まれています。ところが仮設住宅の場合は抽選で入居が決まりますから、近代主義的な規格の空間に分断され、まるで都会のワンルームマンションのように、入居者同士のつながりがない状態で生活が始まります。また、仮設住宅の設計も配置も、入居者同士の交流を促すような設計にはなっていません。

じっさい、避難所にいる方々の話を伺うと、とくにお年寄りのなかに、たとえ入居

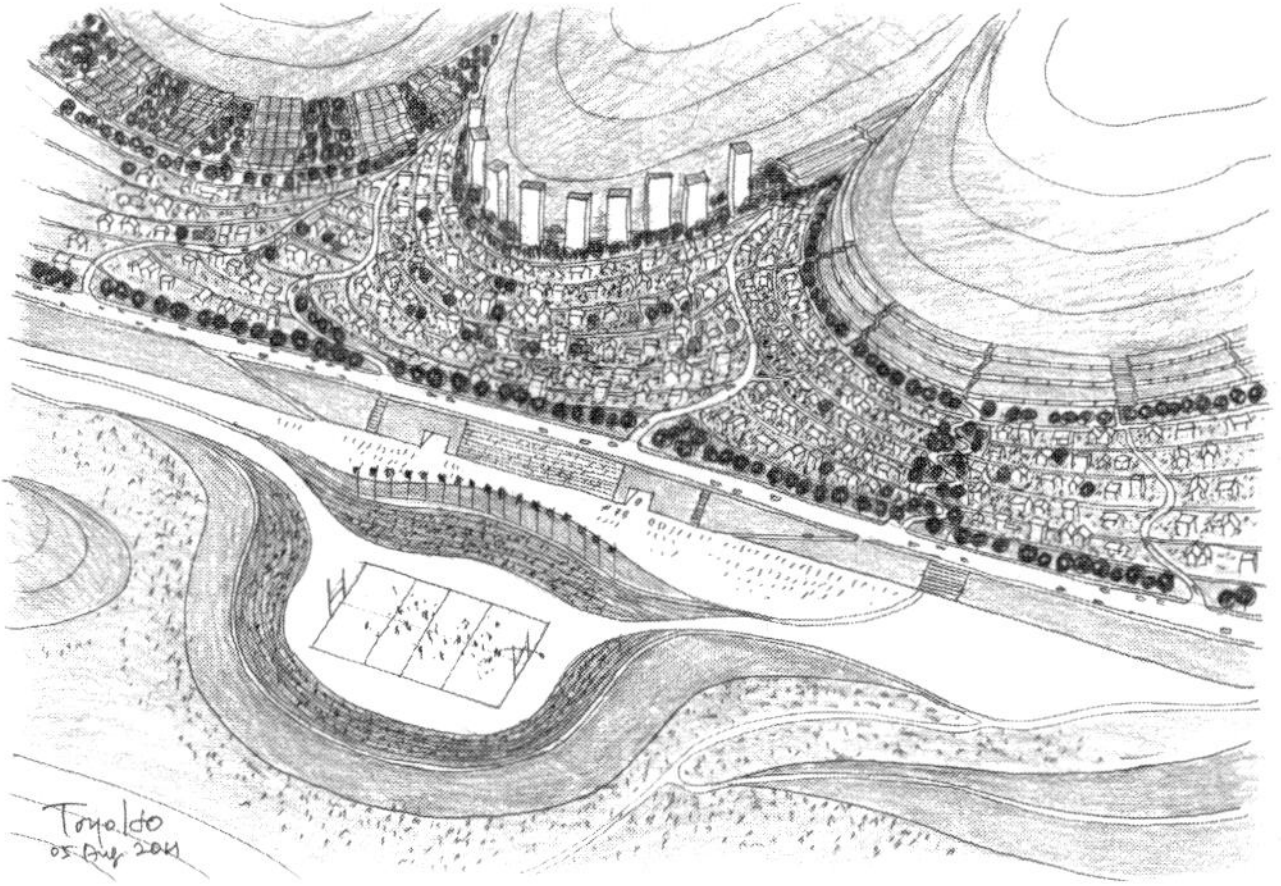

釜石復興計画（上：東部地区　下：鵜住居地区／伊東豊雄による復興のイメージスケッチ）

条件を満たしていても仮設住宅には移りたくないという方がいました。だから、避難所への支援についても、パーティションを立てるより、被災者の方々がちょっと集まって本を読んだりお茶を飲んだりおしゃべりしたりできるテーブルを置いてあげたほうがいいのではないか、と思っていたのですが、行政の指導もあり、避難所から仮設住宅へ被災者が移っていきましたので、それなら、みんなが集まるテーブルは仮設住宅のなかにつくったほうがいいだろう、と感じ、なんとか実現したいと思うようになっていました。

当初、この試みを私たちは「ミニ・メディアテーク」と呼んでいました。前にも述べたように、メディアテークは、用がなくても周辺地域に暮らす人の集まる場所になっていましたから、それならこのテーブルと同じじゃないか、と思ったのです。しかし、仙台市から離れた地域の被災者の方に「メディアテークだよ」と言っても、とくにお年寄りには通じません。何かいい呼び名はないかと事務所のスタッフと一緒に考えているうちに、どうということもない「みんなの家」という呼び方が私たちの間にも仮設住宅の被災者のみなさんの間にもなじんでいきました。

被災者がつくる「みんなの家」を手伝って

みんなの家――といっても小さな小屋のような建築ですが――には三つの役割があると思っています。一つめは、被災して家を失った方々が集まってごはんを食べたりおしゃべりしながら心を慰め、癒しあう小さな場所である、ということです。

二つめは「みんなでつくる家」ということです。近代以降、建築をつくる人間と住む人間の間に乖離《かいり》ができてしまいましたが、本来は建てる人と住む人の間に距離はありませんでした。だから、みんなの家は住む人、使う人と最初からお話をしながら一体になって一緒につくろう、と考えたのです。かつての共同体では、家はみんなでつくって、できあがったら一緒にお祝いをしたものです。

みんなでつくるみんなの家の第一号は、熊本県の協力を得て十月末に完成しました。私がコミッショナーとしてかかわっているくまもとアートポリスというプロジェクトのアドバイザーの方々三人に協力を呼びかけたところ、熊本県知事が「それはいいとりくみだから」とおっしゃって、熊本県が協力を申し出てくださり、材木を含めて一千万円の資金提供をしてくださることになりました。建築学科の学生たちの協力も得て熊本県で仮組まで行なったものを現地に届けて棟上《むねあ》げを行なったのですが、このとき六十戸ほどある仮設住宅の住民のみなさんも乗り気になってくださって、「俺たちで餅撒《ま》きをしたい」と言って、餅撒きをしていました。「餅撒きなんて、俺たちも三

みんなの家（竣工式）

みんなの家（上：内観　提供＝仙台市　下：芋煮会）

十年ぶりだ」と言っていました。十月末には竣工式をしたのですが、そのときは芋煮会を催してくれました。そうやってとてもよろこんでくださってうれしいですし、熊本県や東京から建築の学生だけでなく、大工さんもボランティアで来てくれ、本当にみんなでつくる家になりました。この動きは広がっていきそうな気配があります。

みんなの家の三つめの目的は、安らぎ楽しく過ごすための場所だけでなく、みんなで復興を考える拠点にもしていく、ということです。そのために、釜石市でも数カ所にみんなの家を建てたいと考えています。一からつくるものだけでなく、半壊した建物を修復して、街中だったらビルの一画を囲ってみんなでストーブを囲んで話し合う、といった方法も考えられます。つまり、「これからの俺たちの町をどうやってつくっていこうか?」ということを住民の人たちが話し合える場所です。

現在、被災地の自治体は復興計画という名の下で被災地の新たな町づくりにとりくんでいます。このこと自体はとても重要なとりくみですが、その内容があいかわらず非常に近代主義的な考えに基づいてしまっている点に懸念を抱いています。たとえば、「どんな津波にも耐える」という触れ込みで建てられた防潮堤《ぼうちょうてい》が今回の津波では脆《もろ》くも崩れ去りました。近代技術や想定といった概念が自然の力の前では無力であることがあれほど明らかになったのに、あいかわらず「じゃあ今度は防潮堤一本ではなくて道路や鉄道のバンクを設けて三本のラインで減災しよう」といった解決法を提案しています。また、住んでいる人たちの意向や暮らしのあり方を考慮することなく、住宅地の高台移転を進めようとしています。じっさい、地元の人の話を聞いてみると、とくに商売や漁業を営んでいる人ほど、もとの場所、あるいは極力もとの場所に近い所で住むんだ、とはっきりと言い切ります。

たとえ減災という考えに基づいても相変わらず「想定」という概念で割り切っただけの計画では、生きた共同体の復興ができるとは思えません。人間と自然環境を切り分けるのではなく、人間と自然との親密な関係を前提にして緻密な配慮に基づいた計画が必要なはずです。たとえば瓦礫《がれき》を利用したマウンドの組み合わせや植樹、建築のつくり方など絶対安全とは言えないけれど人間をもっと信頼した、津波が来ても甚大な被害を被らないような計画を考えることが可能なはずです。また、住んでいる人たちの意見を汲み上げて、論理でつくられた味も素っ気もない土地利用計画に住民の声を組み込んでいくことが必要でしょう。みんなの家は、そうした声を行政に届ける場所になるのではないかと思っています。

みんなの森　ぎふメディアコスモスのイメージCG
（上：南側外観　下：2階図書館）

三・一一後のサステイナブルな建築

東日本大震災について、「原発事故は（原子力発電所を人間がコントロールしきれなかったという意味で）人災だが、津波は天災だ」という意見をよく耳にしますが、私は違うと思っています。立派な防潮堤さえつくっておけば大丈夫だと思っていたという意味では、津波被害も人災です。防潮堤によって自然と人間の世界を隔てる境界をつくっておけば大丈夫だという考えそのものが根本的に間違っていたのではないでしょうか。

これからは、むしろ自然と人間の境界を解いて近づけることが、むしろ安全性を高めることになっていくのではないかと思っています。釜石市の計画では、実際にそうした町づくりを提案しています。

自然と人間を近づけることは、ローエネルギーでエコロジカルな建築、サステイナブルな建築をつくるうえでも鍵になっていきます。たとえば、現在建設中の岐阜市の図書館を中心にした複合施設のプロジェクトでは、消費エネルギーを従来の建築の二分の一に下げる目標を立てていますが、すでにさまざまな実験を重ねて、ほぼ実現できる見込みになっています。この建物は壁があまりなくて気積《きせき》（内部空間の大きさ。

床面積×高さ）が非常に大きい建物であり、内と外がつながったような自然との一体感のある空間をつくろうとしています。また、立地が長良川に近く伏流水（地下水）が豊富なので、これを利用した輻射《ふくしゃ》式冷暖房によって空調コストを下げていきます。加えて、太陽光パネルによる発電や雨水の利用も設計に取り入れています。このように自然を建築にうまくとりこんでいけば、消費エネルギーを二分の一に下げることも十分可能なのです。

現代建築も、防潮堤と同じで、内と外を境界一つで隔てる近代主義的思想で考えられており、エコロジカルな建築といったところで、断熱性能を高めて人工環境である内部の消費エネルギーを減らすことだけを考えている場合がほとんどです。しかし、そうではなくて、人間のいる空間、つまり内部空間をもっと自然（外部）に近づけていかなければ、本質的な意味でのエネルギー削減にはならない、と私は考えています。だからむしろ、近代以前の日本の住宅にすでにあったような考え方を取り入れて、テクノロジーを使ってもっとソフトに活用する方法を考えていくべきだと思っています。

たしかに、日本の伝統的な住宅は寒いのではないか、住みにくいのではないかという批判があるかもしれませんが、そういった側面こそ、新しいテクノロジーをつかってきめこまやかに改良していけばいい。むしろ、近代的な住居に住むようになって失われたもののほうが大きいと私は思っていますし、そのことは被災地でも実感しました。

たとえば、今あちこちで建てられている仮設住宅は庇《ひさし》が三十センチしかありません。住んでいる方々に話を聞くと、庇が短いせいで雨が降れば洗濯物も干せないと言います。それどころか、住宅棟の間の通路も砂利をまいてあるだけで、住民同士が落ち着いて話す場所もなく、せいぜい立ち話しかできません。昔の家には軒先や縁側という空間があって、人が交流したり憩いの時間を過ごしたりする場所になっていましたが、仮設住宅はそういう場所がありませんし、近代以降の日本の住宅にもそういう場所が欠けていました。

仮設住宅の人たちと話していると「縁側があったら誰かと将棋が指せるのにな」とか「縁側の下には薪《まき》が積んであって、あれはいいものだったな」という話が次々と出てきます。かつての日本の木造住宅がもっていた中間ゾーンの話ばかりが出てくるのです。そういう人たちに向かって、「近代的な四角い箱のような建物のほうがいいでしょう」とは、私にはどうしても言えませんでした。だから、みんなの家は、切妻屋根で庇のある、昔ながらの小屋にしたのです。いろいろな人から「伊東さんらしくないですね」と言われましたが、住民の人の声を聞いていたら、ここから始めるしかない、としか思えませんでした。

また、木造住宅は寒いと言われないように、仮設住宅よりも断熱性がよくなるように工夫しましたし、本当は中にかまどをつくりたかったのですが、それは次の目標として、今回はみんなで囲める薪のストーブを入れました。

建築家はネゴシエーターであれ

先日、中沢さんと話をしていて、「建築家は、前近代の社会で言えば大工。大工の仕事はネゴシエーターですよ」とおっしゃっていて、はっと思ったことがあります。釜石市の復興プロジェクトでは、ある旅館の女将がとても熱心にとりくんでくださっているのですが、この旅館は町の中心から少し離れた海水浴もできる砂浜近くの高台にあり、津波のときには四階建ての建物の二階まで水をかぶったそうで、女将は高台の下の百戸ほどの集落の人々を旅館の上階に避難させて、自分は一旦波にさらわれたものの幸運にも生き残り、当日の夜から炊き出しに奔走した、という方です。この人はものの見方が実に具体的で、十五年後の釜石市はこういう町にしたいという具体的なイメージを豊富に持っています。

ところが、行政の方たちは、自分達の論理で土地利用計画を練っています。行政としては、県や国から予算をつけてもらわなければ何も進みませんから、どうしても抽象的な線引きを考えざるを得ないので、住む側からみればなんとも素っ気のない内容になってしまいます。だから、住民と行政が話し合って、町づくりの内容をすりあわせていく必要があるのですが、女将と行政だけで対面しても一向に話がかみ合わないのです。その様子を見ていて、もしかしたら私にも何かできることがあるかもしれないと思って、双方の間に立ってさまざまな提案をしています。そしてこの体験から、各地にみんなの家をたくさんつくって、各地域の住民の声を汲み上げ、行政につないでいけば、今までにない活き活きとした町づくりができるだろう、と思うようになりました。

中沢さんがおっしゃっていたように、建築家はそもそも、クライアントの思いと現実にできることを織り合わせていく存在なのです。中沢さんは「近代以降、建築家がいつしか王者の風格を帯びてしまい、自分の王城を築く、あるいは強大な権力をもつ人間なり組織なりの王城を築くような感覚で、上から仕事をするようになってしまった。そのせいで本来のネゴシエーターとしての機能がとても弱くなってしまった。これが現代建築の大きな問題でしょう。じっさい、三・一一によって、津波被害にせよ原発の問題にせよ、建築家だけでなく、日本人全体が本来もっていたはずのネゴシエーターとしての機能が弱くなってしまっていたことが露呈してしまいましたね」と喝破されたのですが、そのとおりだと思います。建築家は本来、建物に住む人とその周りの社会のネゴシエーターであり、そしてまた、自然と人間が生活する世界のネゴシエーターであるはずでした。それが弱化していたのが近代であり、被災地では、その機能を取り戻す試みをしているようにも思えます。そしてネゴシエーター、つまり交渉をする人間には王者の風格など必要ないんだと思います。

じつは、こういうスタンスで復興活動に取り組んでいると、「伊東さん、そんな普通の家を建てていていいんですか？　もっと伊東さんらしさを前面に出すべきじゃないですか？」と言う人がいます。事務所の若いスタッフにさえいます。しかし、三・一一後の今、自分のやっていることはこれでいいんだという確信があります。そして、この確信をもってとりくんでいると、建築家として、今まで見過ごしていた本当に面白いとりくみのありかたが見えてくるのです。

このとりくみの一環として、私は二〇一二年のヴェツィア・ビエンナーレのコミッショナーを務めることになったのですが、そこでは若手建築家三人――藤本壮介さん、平田晃久さん、乾久美子さん――と一緒にみんなの家を一つつくって、展示が終わったら被災地にもっていくという計画を立てています。また、完成した家を展示するだけではなくて、みんなの家をつくっていくプロセスそのものをドキュメントとして展示するつもりです。若い建築家たちはきっと「伊東さん、こんな（普通の）ものでいいんですか？」と言ったりするでしょうし、いろんな意見を出してくるでしょう。その議論のプロセスを示すことで、震災を経て見えてきた、建築家にできる仕事、建築家がなすべき仕事を見せていこうと考えています。それは、ネゴシエーターとしての建築家の仕事を見せることになるのかもしれません。

近代主義的建築からの大転換を

これまでも述べていたことですが、経済発展や物質文明、消費文化という形で近代主義が日本を覆っていく間に、建築家は建築と公共性とのかかわりを見失っていたのではないでしょうか。

日本が近代化される過程では、インフラ整備が重視されるという要因もあり、残念ながら建築よりも土木が主導的でした。だから、今回の震災直後も、行政が被災地の土地利用計画に着手したとき、土木はすばやく彼らと一体的に動き出そうとします。もちろん道路をはじめとするインフラは生活に不可欠なものですから、このこと自体はすばらしいことです。ただ、土木の世界が動くときには、彼らの仕事の性質もあり、どうしても行政の側を向いていきます。そのため効率性を重視し、住民の意見をきめこまやかに汲み取るネゴシエーターにはなっていなかったように思います。つまり、それこそ建築家がやるべき仕事だと思うのです。

また、今回の被災地である東北地方は、行政と土木が一体となってとりくんできた近代都市づくりの考え方でとりくまれるべきではないと思っています。恥ずかしいことですが、震災が起こるまで、私は東北のことをあまり知りませんでした。せんだいメディアテークの仕事を通じて仙台市のことはそれなりに知ることができましたが、仙台市は東北の商業的中心であり都市です。その周囲に広がる、自然の溢れる広大な美しい地域のことは、ほとんどわかっていませんでした。

被災地に通うようになって気づいたのは、ここが日本の中でも本当に美しい地域だということでした。事務所のスタッフも「こんなに美しい町が日本にまだあったんですね」と驚いていました。北海道とも沖縄とも違う、古い社会、共同体がまだ息づいている世界だ、ということがだんだんわかってきました。そして「ここを復興するには、近代主義に基づいた都市計画の考え方では駄目だ」と気づいたのです。

私はこれまでも建築が必然的に抱える近代主義の問題を考えてきました。近代主義に基づく都市の均質空間は、経済性もあるし、高層化も容易ですし、人間の世界にさまざまな恩恵を与えてくれました。そのこと自体を否定するつもりはありません。しかし、一方で、近代主義的均質化によって人間がかなりスポイルされているという事実が間違いなく存在していて、「そうではない方向の建築もあり得る」という思いをずっと抱いていました。東北という、共同体＝社会が息づいている地域での復興計画に携わりながら、私はあらためて近代主義に基づく建築から大転換して、本来建築家のとるべき姿勢で、社会とかかわる建築に取り組んでいくのだという思いを新たにしています。

第三章　人と自然の大転換

1 「伊東豊雄の建築」を中沢新一と考える

伊東豊雄＋中沢新一

私たちの世界では、世界を創造した神様も動物も、みんな自分の手を汚し、体中ずぶぬれになって、ようやくこの世界をつくりあげたのだ。頭の中に描いた世界を現実化するのが、一神教のスマートなやり方だとすると、からだごと宇宙の底に潜っていき、そこでつかんだなにかとても大切なものを材料にして、粘土をこねるようにしてこの世界をつくるという、かっこうの悪いやり方を選んだのが、私たちの世界だった。

中沢新一『アースダイバー』（講談社、二〇〇五年）より

中沢　僕は青山ブックセンターにはものすごくお世話になっていますから、何か仕事を頼まれると、断れないのです（笑）。今回、「シリーズで話をしてください」という依頼をいただいたとき、全体をつなぐ主題が必要だと思いました。その主題が『アースダイバー』からの引用部分にある考え方です。

タイトルは「東京アートダイバー」となりました。これはもちろん『アースダイバー』からの連想で、軽く決まり、すると中身やお呼びする人までがスルスルッと決まりました。文章というのは、タイトルが決まると書けるものです。深沢七郎という作家がとても好きなのですが、深沢さんは「小説の中身なんてどうでもいい、最初にタイトルが決まれば、それで小説はできてくる」という内容のことを語っていて、たとえば『楢山節考』という小説は、タイトルが浮かんだ瞬間に内容が頭の中でできてしまったそうです。僕もこの考えに同感です。

『アースダイバー』という本も、タイトルからふっと生まれてきた本でした。「今までお書きになった本と雰囲気が違いますね」と言われることがよくありますが、あれは『週刊現代』という雑誌の連載が元になっているせいだと思います。僕の連載ページの前にはいつも柳沢きみおさんのマンガ『特命係長・只野仁』があり、後ろには神崎京介さんのちょっとエッチな小説が掲載されていました（笑）。この間に挟まれていたこともあって、僕は文体を変えて書くしかなかった。そうやって書いているときも、ずっと僕の中では「アースダイバー」という言葉が鳴り響いていました。

この言葉を僕が知ったのは、学生の時に読んだネイティブ・アメリカンの神話集です。アースダイバー・カイツブリの神話を読んで、「いつかこの考え方で、人間の世界に起こっていることを読みといてみたい」と思い続けていました。そしてこの、大切にしてきた言葉を『週刊現代』の連載のタイトルに使いました。

この連載で僕は、東京に潜む無意識のようなものを探ってみたいと思っていました。東京は表面的には経済的に発展し、建築群がつくられ、地形が改変されて、どんどんとフラットな都市に変わりつつあります。しかし、いくら地形をフラットに均《なら》しても、そこにいくら建築物を建てても、大地を支配している真の力は、表面に現れているものとは違うのではないかという確信がありました。だから、東京の地表に現れているものに注目するのではなく、地表に現れているものをそこに現れるように決定する法則があるはずだからそれをあきらかにしてみようと思い、その法則を探ろうと考えて、東京中を歩きまわりました。

すると、人間の頭がつくりだすもの、人間による設計やデザインとは別の原理にしたがって、東京という都市の基本構造が決定されていることが見えてきました。人間の外にあるもの、人間の思考の外にある、外生的な要因によって決まっている様子がだんだん見えてきたのです。

建築を決定しているのは自然である

「東京のここにはどうしてこういう建物がつくられるのか?」「東京のこの地域はどうしてこういうつくりの街になっているのか?」などとつぶやきながら探っていると、誰かが設計・デザインしたわけでもプロジェクトをつくって動かしたわけでもないことが見えてきます。では「誰が、何がこれを決定しているのか」と考えていくと、それは人間による設計の外側の自然が決めているんですね。自然の理法のようなものが、人間のつくりだすものの中に浸透しているんです。最終的な決定をしているのは自然なんだ、という実感を得ました。

こういう考え方を発展させるのがすごく大事だと思いました。というのも、あの連載がはじまったころ(二〇〇四年)は金融資本主義が世界を席巻しつつあった時代でした。二〇〇八年九月のリーマン・ショックに至るまでの間、「お金」というものの力が増し、猛烈な勢いで東京をつくり変えようとしていました。お金とは、人間の心が生み出すものです。当時勢いを得ていた新自由主義という経済の考え方では、経済の中のことは人間にすべて任せておけばちゃんと運営できるんだ、という考え方でした。利己主義的な人間の思考が自由にぶつかりあっていると、その中から最良の秩序が出てくるから、それに任せていればよろしいという考え方で、ここからお金中心の世界がつくりだされようとしていました。

でもこの考え方は正しいのだろうか、という疑問が僕にはつねにありました。経済も、人間の頭や心の中にあること、人間が予測することや欲望することとは全然ちがう、外の要因によって決められているのではないか、という思いがありました。人間の思考だけで決定していると経済はいつか破綻する、という予感がしていました。経済も、それを取り囲む大きなものの理法の中で動いていると思えたからです。そしてここから東京という街そのものも、人間の思考による設計だけで動いているわけではないだろう、という考えに傾いていって、その思いから『アースダイバー』という仕事が結実していきました。

さて、この「東京アートダイバー」という対談シリーズを始めるにあたって僕は、東京という街の中で創造的な活動をしているアーティスト、建築家、思想家、演劇家のうち、この東京が外生的な自然の力、無意識の力に動かされているという確信をもって仕事をしている人たちと話をしようと思いました。そういう方たちはあまり多く

座・高円寺（外観／2009年竣工。東京都杉並区）

ないのです。そこで第一回は伊東豊雄さんしかいないな、と思いました。

それは、伊東さんの建築が、非常にユニークな思想に基づいてつくられているからです。建築は、どうしても「反自然」という側面をもたざるを得ないものです。建築とは、人間の頭の中で想像したり、設計したり、プログラムしたりしたことを実現するものですが、しかも伊東さんの建築は、そうやってつくられる設計の中に人間外の世界をもちこんでいる、と感じます。生物の形をつくりだす原理や地形をつくりだす原理を建築の中に導き入れて、建築に非設計的、非計算的要素をとりこんでいる、そういう印象をもっていたからです。

伊東さんの作品のいくつかを見ていると、

僕はとても気持ちがなごみます。僕はあまり建築建築した建物が好きでないんですが（笑）、伊東さんの建築の中に入るとほっとします。僕は今日の対談に備えて、昨日、東京における伊東さんの最も新しい作品である高円寺の劇場、座・高円寺を見てきました。まず外から眺め、おもむろに中に入ったとき、「ああ、やっぱり伊東豊雄がここにいるなあ」と感じました。それも、今まで見たことのない伊東豊雄さんでした。

伊東　そうですか（笑）。

中沢　僕が言うのもなんですが、「伊東さん、一皮剝けたな」と思いました（笑）。しかも、一皮剝けても、じつに伊東さんらしい。僕の実感でもありますが、年を取ってくると、仕事においてもどうしても繰り返しが多くなります。

伊東　そうですね。

中沢　ところが、伊東さんはどんどん新しくなっている、という印象を受けます。新しく若くなっている。その秘密を探ると、『アースダイバー』の主題にまっすぐつながってきます。今日は伊東さんの建築の思想をたっぷりと引き出し、堪能したいと思っています。

中野本町の家と流動空間

中沢　それではまず、伊東さんにご自身の創造についてレクチャーしていただこうと思います。

伊東　僕は長い間中沢さんの本の読者なのですが、中沢さんの書かれるものにはすべて納得してしまうんですね。自分では意識していなかったことを指摘してくださる、という感覚があります。最初に中沢さんの本を読んだ八〇年代からずっとそうなんです。

『アースダイバー』も読んでびっくりしました。まず驚いたのは巻末についている地図です。「東京はこんなだったんだ……」と感嘆しました。まるで鎌倉の谷戸《やと》のような、尾根と水がフラクタルに入り組んだ地形をしているんですね。そして、本文を読んでいくと、いろんな想像力が湧いてきます。たとえば僕は長い間、東京の新宿にほど近い中野に住んでいました。高校生の頃は十二社《じゅうにそう》のあたりをよくバスや電車で通りました。僕は信州から東京に移ってきたのですが、あのころはまだ、今の西新宿のあたりに浄水場がありました。

中沢　そうですね。僕が上京した頃はすでに浄水場跡になっていましたが、キリンソウの生い茂る山あり谷ありの面白い地形の場所で、今の京王プラザホテルのあたりには蛸壺《たこつぼ》みたいに昔の防空壕の跡も並んでいました。

伊東　そうなんですか。
中沢　上京したばかりの頃、あのあたりを散歩していたらなにかの映画の撮影をしていまして、「あれ、何だろう」と目を凝らしてみると、上半身裸みたいにした女の人がチェーンを振り回してるんです。
伊東　へえ……。
中沢「何の映画なんですか？」とたずねたら、「和田アキ子という人のデビュー作だよ」と教えてくれて。スケバン刑事シリーズの撮影だったんですね（笑）。これが僕の浄水場あたりから受けた強い印象として、記憶にやきついています。それと、十二社のあたりもすごかった。
伊東　そうですね。すごく隠微な場所というイメージがありました。
中沢　つげ義春さんのマンガなどについて書いていた石子順造さんという評論家と僕は友だちになったのですが、この人がわざわざ十二社に仕事場をもって住んでいました。周りは昔のいわゆる「青線」で、あやしいアパートが立ち並んでいましたし、とにかく浄水場から熊野神社を抜けて十二社まで、辺り一帯がなんともジメジメした印象のある土地でした。
伊東　ええ、そうでした。

中沢　「このジメジメ感はどこから来るんだろう」という思いを僕はずっと持ち続けていました。
伊東　そうなんですか。
中沢　僕はとてもしつこいので（笑）。そこは予想どおり沼の跡でした。そしてその巨大な沼のジメジメ感を考え続けているうちに、『アースダイバー』にまでたどり着いてしまいました。
伊東　たしか、浄水場をつくるために掘り返した土で歌舞伎町ができた、と書かれていましたよね。
中沢　そうです。
伊東　歌舞伎町も巨大な沼だった……。
中沢　僕がまだ上京したばかりのころ、新宿には「王城」という有名な喫茶店がありました。三島由紀夫さんがときどき来ていたお店です。このお店は喫茶とバーの部分がありまして、三島さんはバーのほうに来て、ウィスキーを頼むんです。ストレートのダブルを頼み、しばらくしてぱっとあおるように飲むと、さっとばかりに立ち去っていく。
伊東　へえー。

中沢　「かっこいいなー」と思って店の人に話をしてみたら、「いや、三島さんはお酒が弱いんですよ。長居すると顔が赤くなってきたりふらついたりするから、そうならないうちに帰っちゃうんだよ」と教えてくれて（笑）。

　その王城の裏が歌舞伎町最後の沼地でした。今でも弁天さんが建っています。

伊東　僕は十二社のちょっと先の中野新橋に何十年も住んでいました。中野新橋は昔は色街で、僕が住み始めたころもまだ芸者さんが何十人かいて、神田川沿いには料亭が並んでいました。三味線の音なんかも聞こえてきまして……。

中沢　いいところでお育ちになったんですね（笑）。

伊東　はい（笑）。まだ高校生でしたから恩恵は受けていませんが……。それで、僕の最初の作品というのが、姉のために設計した家なのですが、これが中野新橋だったんです。まずこれを見ていただこうと思います。

　中野本町の家は、先ほどの話に出てきた京王プラザホテルから直線距離にして二キロのところにあります。そこにご覧のような、コンクリートの要塞のような家を建てました。

　なぜこれを最初に見ていただこうと思ったかというと、中沢さんにぜひ解説してもらいたいと思ったからなんです。ご覧のように外側には窓がありません。内側にはい

中野本町の家（内観／1976年竣工。東京都中野区）　撮影＝多木浩二

中野本町の家（内観／1976年竣工。東京都中野区）　撮影＝多木浩二

くつか天窓があって光が落ちてくるという家でした。

実は設計段階では、幾何学を組み合わせた形で構成しようと考えていたんです。屋根の勾配《こうばい》は内側に落ちてくるようになっていました。

ところが、大きな外形を考えた後で、さて内側をどうしようかと考えているうちに軸線が消えてしまい、部屋を分割するという考えも消えてしまって、ただ周遊する白い輪をつくるということにひたすらのめりこんでいったんです。結果として、外側には幾何学的な形がありながら、内側にはまったく対極的な、幾何学とは相容れないもやもやとした空間ができていました。

これを見たある方が、「これは地上にあ

る地下空間だ。白い闇だ」とおっしゃいました。実際にはとても明るいのですが、それでも地下にいるような気がする空間だ、と。

内側は、音がぐるぐる回る空間でした。住んでいた者によれば、中で話をしていると、何十メートルか離れていても、たとえヒソヒソ声で話していても、音が壁を伝って聞こえてくるという不思議な空間だった、とのことでした。

僕の建築を振り返ってみると、一九七一年に独立してからすでに四十年近く経つのですが、その間ずっと「流れるもの」「流動しているもの」にいつも惹かれていたと思います。また、どこか地下空間的なものも登場してくる。ほとんど意識していないのに、つくったものを見るとそうなっています。先ほどの中沢さんのお話を伺っていると、あの土地の持つアングラ性が建築に乗り移ったのかもしれませんね。

気づくと地下空間的建築に戻っていた

伊東　八〇年代になって東京がバブル経済に沸くと、バブルでフワフワしている東京を表現したいと思うようになり、「軽くて透明な建築を」とさかんに言っていたのですが、今回の座・高円寺のように、気がつくとまた地下に戻ってきている――となるとこれは、自分が育ち、住んできた土地と何か関係があるのかな、と考えざるを得な

下諏訪町立諏訪湖博物館・赤彦記念館
（外観／1993年竣工。長野県諏訪郡下諏訪町）

くなってきました。

それに関連して、もう一つご紹介します。下諏訪町立諏訪湖博物館・赤彦記念館は僕が育った場所にある建築です。僕は日本統治時代の京城（現在のソウル）で生まれたのですが、二歳半で父親の故郷の長野県下諏訪に移り、そこで中学三年まで育ちました。そこに小さな博物館をデザインしたのです。中沢さんは山梨の育ちですが、下諏訪はさらに山に入ったところになりますね。

僕の育った家は湖に面していました。湖に面したこの博物館から一キロくらい離れたところが自宅でした。毎日この諏訪湖を眺めて育ちました。湖の源《みなもと》の方向を見て、明日は晴れるとか、雨が降るとかを判断していました。毎日湖面の表情を眺めて暮らしていたわけです。

この建物を見た方が「これは船ですね」とおっしゃいます。でも僕には船のような形をつくる気はありませんでした。そうではなくて、湖面に漂う靄《もや》とか、湖面に水平に立つ虹をイメージしていました。水平虹といって、年に二回くらい、寒い季節の朝に水平に立つ虹です。この建築では、そうした現象的なものを表現したいと思っていました。アルミのパネルを貼って水の色を反射して、水の流れや時間の経過にしたがって湖面が変わっていく様子を表現したいと考えていたのです。

ところが、つくってしまうとやっぱり形になってしまう。そのことは、いつも「まずいな」と思うんですね。

この建物は、湖から見る姿がいちばんいいんです。でもそれを体験できるのは湖の漁師さんたちだけですね。だから内部にも水を取り込んで、湖と連続していることを表現しようとしました。

ところで、建築家の藤森照信さんがこの建築を見て、「これは裏返しになった中野本町の家だ」とおっしゃって、自慢気に解説をされたのです（笑）。僕自身は納得できるようなできないような不思議な話だな、と思いました。藤森さんに、「こんなふうに自分が最初につくった作品を後に反転した建築家は他にはいない」と言われます

リラクゼーション・パーク・イン・トレヴィエハ
（施工中の内観／スペイン・バレンシア州）

と、「まあそれも悪くないかな……」と思ってしまったりもしますが（笑）。

もう一つ関連したものを見ていただきましょう。スペインのバレンシア州トレヴィエハで進行中のリラクゼーション・パーク・イン・トレヴィエハというプロジェクトです。もう延々と七、八年工事が続いていまして、今はプロジェクトが膠着《こうちゃく》状態で工事の再開も完成もまだ目処がつかないのですが、これもやはり湖のほとりにあります。海から少し入ったところに二つの湖があり、どちらも塩水湖なのですが、不思議なことにこちらはプランクトンの関係でピンク色なんです。このピンクの色が日によって変わるんですね。このピンクの湖畔に、スパのような施設をつくるように依頼をされました。

写真で見ているときれいな風景ですが、実はこの周辺は乱開発されています。建売住宅が並び、気候がいいので、ヨーロッパの北のほうから高齢者が移住してきています。ここでは塩水湖を利用したスパセラピーが行なわれてきたのですが、それを市が施設化して観光資源にしようと計画したわけです。

そこで僕が考えたのは、この地形と一体化したような建物、浜辺に貝が転がっているような建築でした。三棟つくる予定ですが一棟目ができたところで建設が止まってしまって、今はプロジェクトが中断しています。いずれ三つとも完成するだろうとは思っていますが……。外から見るとこの建物は浮かんでいるようにも見えますが、実際にはここには砂が被せられて、建物が土に潜った状態になります。

この建築では、下諏訪とは違って、五本のスパイラル（らせん）が絡み合うような構造体をつくりました。内部空間も下諏訪とはかなり異なっています。中にいると、先端部に吸い込まれていくような気がしてくる、とても面白い空間です。

スパイラルという構造体は生物にはよく見られますが、とても不安定な構造体でもあります。この建物の構造もスチールと木を組み合わせてつくっていますが、実際にはなかなか不安定でたいへんです。
とりあえずここまで紹介させて頂いたところで、中沢さんにうかがってみたいと思います（笑）。

中沢　えっ、これはたいへんだ（笑）。

日常を超える、サーカスのテント的スパイラル

中沢　最初の中野本町の家については、住んでいらしたお姉さまが書かれた文章がありましたね。

伊東　ええ、僕も一緒に書いて、『中野本町の家』（住まいの図書館出版局、一九九八年）という本にしました。

中沢　覚えています。とても住みにくい家だったと書いてありましたね（笑）。といいますか、「住むということを意識させられる家」だと書いてありました。

伊東　そうですね。

中沢　最初にあの家の写真を見たとき、「あ、これは修道院のつくりをしているのかな」と思いました。

伊東　なるほど。

中沢　修道院というのは、建物の真ん中に青空を出すのが基本的なつくりです。周りは高い壁で覆って外界からの影響を遮断し、その中に住む修道士はつねに中庭から空を見上げて暮らします。僕もチベットの僧院で長く過ごしましたが、外に行けませんから、中庭から見上げる空が唯一の外に向かって開かれた通路なんですね。しかもそこから青空がぱあっと広がっている。これをつねに見上げているうちに神の感覚を体得するというのが修道院の構造だと思います。

今日あらためて中野本町の家を見てみて、内部がひじょうに流動的につくられていることがわかりました。修道院も回廊《かいろう》構造をもっています。修道士たちは一日中、ブツブツと聖句を唱えながら、回廊をぐるぐると歩き続けます。でも、中野本町の家の内部は、もっと柔らかい空間なんですね。そのことには少しびっくりしました。

昨日見た座・高円寺も、まさにそれでした――大きなスパイラルを描いていて、中を歩いていると同じところをめぐる感覚があります。ああこれなんだなあ、と思いました。

アングラ演劇という、六〇年代から七〇年代にかけての演劇運動は、必ず「テント」という形をとりました。唐十郎さんの赤テント、佐藤信さんの黒テント。座・高円寺の芸術監督はその佐藤さんですから、まさに黒いテントなんですね。

伊東　そうですね。

中沢　佐藤さんたちも語っていらっしゃることですが、アングラ演劇の場合は、何もない原っぱにテントがすーっと立ち上がって、そこに異形の者たち、日常生活には現れない形をしたり動きをしたり言葉を使ったりする者たちが出現する、そういう特異な空間をつくりあげます。当時はそれをアングラ演劇、と名づけて、演劇として語ってきたわけですが、空間そのものとしても十分深い意味がありました。

原っぱというのは、子どもが遊びにくる空間です。有用性という意味では、まだ不動産屋が手をつけていない、関心を持たない場所です。東京にも昔はそういう場所がたくさんありました。そこにテントを立てる。テントは周りにある日常的な世界からの影響を遮断する膜になっています。この膜は風に吹かれると揺れる、柔らかな存在です。テントは支柱に支えられてはいますが、全体が揺れます。有名な中原中也の「サーカス」という詩に、空中ブランコが動くとテントが揺れるさまが「ゆあーんゆよーん　ゆやゆよん」と描かれていますが、あれは原っぱに立ち上がるサーカスのテントの本質をかなり正確に語っていると思います。

空中ブランコはサーカスのいちばん重要な演目です。なぜかといえば、テント全体を震わせるからなんですね。じゃあそのとき、テントの中には何が生まれているのかというと、生まれたばかりでまだ世界の決まりや形の法則に定まっていないようなものをそこに出現させているんです。

僕らの世界は、合理性や経済的有効性を考えます。世の中にあるものを分離して、右のものは右へ、左のものは左へ、というふうに分けていきますが、サーカスのテントの中に芸人たちが出現させようとしていたものは、右でも左でもないもの、これから右や左、上や下に分離したりするかもしれないけれど、今はその直前の現象形態にあるもの。それを、あの空間の中にいろんな意匠でもって出現させようとしました。

この空間はなんなのだろうと考えてみたいと思います。僕は『精霊の王』（講談社、二〇〇三年）という本を書いているとき、サーカスが一つの重要なイメージとして心のなかにありました。古代からの神話、たとえば諏訪大社の古い言い伝えを振り返ると、日本人のいちばん古い神様――いや「神」という言葉があてはまるかどうかわからないので精霊といいましょう、この精霊が現れるときには、この日常の世界からの影響から守られるように、カバーのようなものをかぶっています。赤ん坊が生まれるときに「胞衣《えな》」をかぶってくる、という伝承が諏訪にはたくさんありますが、あれもそうなんです。つまり、この世でもっとも重要なものは、柔らかいカバーに包まれて生まれてくるんです。それはなぜかといえば、この世が危険だからです。そのままこの世の中に放り出されると殺されてしまうか弱いものだから、カバーに包まれているんですね。

サーカスのテントもそうです。サーカスにはこの世にめったに出現しないものが出現しますし、あらゆる現象が生まれる直前の宇宙の状態を表現しています。それがこの世界に無事に現れるにはカバーが必要なんです。七〇年代の演劇シーンではいろいろと特殊な言葉、表現が使われました。たとえば「非日常性」という言葉がよく使われましたし、唐十郎さんの場合は「胎児の想像力」と言っていましたが、これはかなり本質をついています。七〇年代といえば、日本の資本主義が本格的にギアを入れてくる時代でした。それに対して何らかの抵抗を試みていたのだと思います。この世の中に組み込まれてしまう直前にある、宇宙の生まれたばかりの姿を出現させたいと考えたのでしょう。それはどこに出てくるかというと原っぱであり、だから原っぱにテントを立てたんです。七〇年代の演劇活動というのは、こうした意味でかなり本質的なことをやっていたと思います。

その運動が八〇年代、九〇年代に入ると急速に凋落していきました。それが今また高円寺に現れてきて、それが伊東さんの建築だったことに感銘を受けましたし、「ああ佐藤さんたちの仕事の本質を捕まえているな」と思いました。中野本町の家にあった、閉じているのに真ん中が空に向かって開かれていて、しかも内部には流動性がある――それをもっと複雑に展開するための伊東さんのこの四十年というものがあったような気がしますが（笑）、高円寺ではテントというものの本質的な構造を実現して見せていたこと。そのことに昨日はたいへんに驚きました。

小さな丸窓が屋根や外壁にたくさん開けられていて、これが館内のいたるところで渦を巻いていますし、外側はテントのカーブがそのまま内部の構造にまでなるような曲線をつくりだしています。これを見て、「伊東さんは原点に戻ったんだな」という印象を受けました。そして今日、伊東さんのプレゼンテーションを拝見して、僕の印象は間違っていなかったな、という確信をもちました。

伊東　そうですか。じつは座・高円寺をつくるときには、サーカス小屋をイメージしていました。

中沢　よかった（笑）。

伊東　小さいころ、田舎の町にサーカスがやってくると、町外れにテントが立つんですね。でも親はなかなか「観に行ってもいいよ」とは言わないんですね。だから、悪ガキの仲間と一緒に出かけていっては、テントの裾《すそ》を少しめくってみたりしていました（笑）。あのテントの中では何かいかがわしい、とんでもないことが起こっているんだ、という感覚がありました。それで、座・高円寺をつくるときには、そういう感じを実現できないか、と思ったんですね。

区立の施設ですから、一般的には、町の人に開かれていて、運営に協力しているいくつかの劇団の名前が見えるようにする、ということを考えるわけですが、あのように閉じて見える建築にすることで秘めやかな何かを感じさせられないかと思いました。

ただし、屋根に関しては幾何学的な形の組み合わせなんです。だから結構理性的につくったつもりでした。ところが階段ができてみると、自分が考えていた以上に渦を巻いていました。何か地下に入り込んでいくような感じです。でも、この部分は、設計していたときには、実は自分ではあまり意識していないんですね。

中沢　なるほど。

伊東　なぜだかわからないけど、僕の建築にはああいうものが繰り返し繰り返し出てきてしまうんです。

自然のものは基本的に渦を巻いている

伊東　中沢さんの本を読むたびにいつも印象に残るのは、渦を巻くエネルギーが高まっていって何かが立ちあがるとき、それが僧院であれ建築であれなんらかの秩序をもたなければならないという、その間の関係についてなんです。ここは自分でもとても興味のあるところです。

僕が中沢さんの文章を八〇年代から読んできてずっと引っかかっているのは、『雪片曲線論』のなかの「建築のエチカ」（本書補論）という文章なんですが……。

中沢　あれは、現代建築への悪口を書いた文章です（笑）。

伊東　建築の悪口というのはともかく（笑）、渦を巻いている自然のエネルギーをできるだけ壊さないようにすべきだけれども、でも建築をつくるということは、なんらかの幾何学的な秩序を持ち込むことになるので、チベットの僧侶の方たちは自然をできるだけなだめるように幾何学をつくるのだ、と書いていらっしゃいました。このことがものすごく印象に残っていたんです。

中沢　自然のものは基本的に渦を巻いています。渦を巻くのには理由があるんですね。人間は、Aというものが Bに変化するのならば、BはAにまた変化できる、戻れるのだと考える、つまり交換が可能だと考えます。ところが自然のものというのは、変化したら戻ることができません。AがBになったら、もうAに戻ることはできないのです。AがBになったときと同じ法則を適用すると、全然違うものができてきてしまう。これが自然の法則です。伊東さんはこれを非線形とおっしゃっていますね。

伊東　はい。

中沢　自然のものは非線形で非可換を本質としています。つまり交換できない、という言い方もできます。量子力学の世界がそうです。非可換の世界です。そういう世界では必ず渦が発生します。

ところが人間の脳がつくりだす思考という抽象構造は、渦巻きとは違います。これはある種の線形性を持っていて、A、B、Cと並んでいれば、並んでいるものの間に線形秩序が生まれてくる。論理は自然とは違うつくり方をするんです。

じゃあどうしてそんなことになるのかというと、「言葉」のせいじゃないでしょうか。人間の言葉というのは線形的につくられていて、心に起こっていること、感情とかいろいろなものが入り交じっている複雑な塊みたいなものを、私たちは言葉にして相手に伝えようとする。ところがそれが脳で変換されるときには、文法通りに並べなければいけない。時間軸に沿って並べなければいけないし、並べ方の法則も決まっていて、これをはみ出してしまうと――うまい非線形のはみ出し方をすれば詩になりますが――何を言っているのかわからなくなってしまう。もっとすごいことになると、感情の塊だけをぶつけることにもなってしまう。ですから人間がものを考えるときには必ず線形の秩序になりますし、この特徴は人間の頭がつくりだすあらゆるものに及んでいます。たとえば科学の元になっている考え方はたいてい線形でできています。量子力学が生まれるまではそうでした。

ところが自然がつくりだすものは、先ほども言いましたように、渦巻きです。人間の頭がつくりだすものとは基本的に違うもので、そのことをチベット人は鋭く意識をしていました。建築物を地面の上に建てるとき、人間はすごいことをやっているんだ、と言いたいのでしょう。大地の下には渦を巻いている「自然の秩序」があるのですが、その上に立方体を載せて屋根を載せて、一段二段三段と積み重ねて建築物をつくっていきます。この建築物は線形でできています。

チベット人に言わせれば、大地の下には蛇や龍がいて、これがとぐろを巻いていつも螺旋運動をしているのですが、その上に線形思考で設計された建築物を建てると地下の蛇や龍が怒り出す、だからなだめるための儀礼をしなければいけない。だから建物を建てるときはとても手続きが大変です。日本でも建物を建てるときには地鎮祭《じちんさい》をやりますが、もっと大がかりなことをする。日本の地鎮祭は一時間もあれば終わってしまいますが、チベット人は三日も四日もかけてやります。「申し訳ない、ここの土地の上にこんなものを建てさせていただくけれども、どうか災いはしないでほしい」と言って、いっぱいお供物を捧げる、つまりギフトを行なうんです。迷信深い考えのように思われると思いますが、本質をついていると思います。つまり、本質的に異なる二つのもの――自然と建築――をどうやって調和させていくのか。設計が抑圧する自然に、アーキテクチュアはどう落し前をつけるのか。建築が取り組まなければならないことがあるとすれば、最大の課題はこれじゃないかと僕は考えています。

いろんな解決法があるのではないかと思います。渦を巻く自然と線形構造の建築物をどうやって織り合わせていくか、つまりどうやってネゴシエートしていくのか。いろいろな場所で建築を見るとき、僕がいちばん関心をもつのはそこです。ヨーロッパの教会を見ていると面白いな、と思うことがあります。とくに中心部を離れた、南ドイツやウクライナやチェコの教会を見てみると、祭壇の下が大きな石になっているところがあります。この大きな石、大岩は何かというと、キリスト教が伝わる前の時代にケルトの儀式を行なっていた岩なんですね。おそらく古代は岩の後ろに木が生えていて、上諏訪のミシャグチ神のような型になっていたと思います。そこに教会を建てるときに、岩を壊さないで、なんとかこの岩に教会という建造物、つまり人間の設計がつくりだすものを調和させようと努力しています。

この試みはなかなかうまくいかなかったのですが、バロックと言われる時代になると、建築そのものに渦巻状の主題がいっぱい入ってきて、バロック建築においてようやくこの調和が実現されるようになりました。

他の例をあげるとすれば、ガウディのサグラダ・ファミリアですね。あれは、渦巻きを外側に引っ張り出している構造です。外側は自然で、教会の中に入ると立方体や三角形などの幾何学模様で構築されています。裏返しなんです。「あ、ガウディはこういうやり方で、人間の思考でつくるものと外側で渦を巻いているものの調和をつくりだそうとしたんだな」という印象を受けました。

伊東　たしか、中沢さんのチベットの僧院の話で、内部には渦を巻いている空間が再現されている、と書かれていたと思うのですが……。

中沢　マンダラのことですね。

伊東　はい、そうです。

中沢　建築物そのものは三角形や四角形という線形でできていますが、内部に渦を再現しようとする努力を行なっているんです。支柱の周りは渦を巻くようにつくられていますし、マンダラもそうした努力のひとつです。マンダラというのは、ガウディの建築と同じように、自然の秩序と人間の思考がつくりだす秩序の間の調和を生みだそうとする試みなんでしょう。

形になる前のものを表現したい

伊東　中沢さんのようなインテリジェントな理解のしかたではないのですが、僕は子どもの頃からトンボやセミがメタモルフォーゼ（変態）する姿を見るのがすごく好きだったんですね。諏訪湖に夕方上がってくるヤゴ（トンボの幼虫）を捕まえてきて、それを洗面器に入れておくと、朝方、ぱかっと割れて、ほとんど乳液のような色のトンボの幼虫が出てきます。

中沢　あれは本当にきれいです。

伊東　空気に触れると、ほんの数分で色づいて形をもってくる。でもその形をもつ直前の状態、そういうことが建築でできないかな、と思っていました。

中沢　ああ、やっぱり。そうじゃないかと思っていました（笑）。

伊東　これがなかなかうまくいかないんです（笑）。さっきの博物館のように、形になってしまう。もっと柔らかいものを表現したいと自分では思っているのですが、出来上がってしまうと「ああ、やっぱり形になっちゃった」と……。

中沢　なるほど。

伊東　多少進化したかな、と思うところがあるとすれば、むしろ、あまり柔らかいも

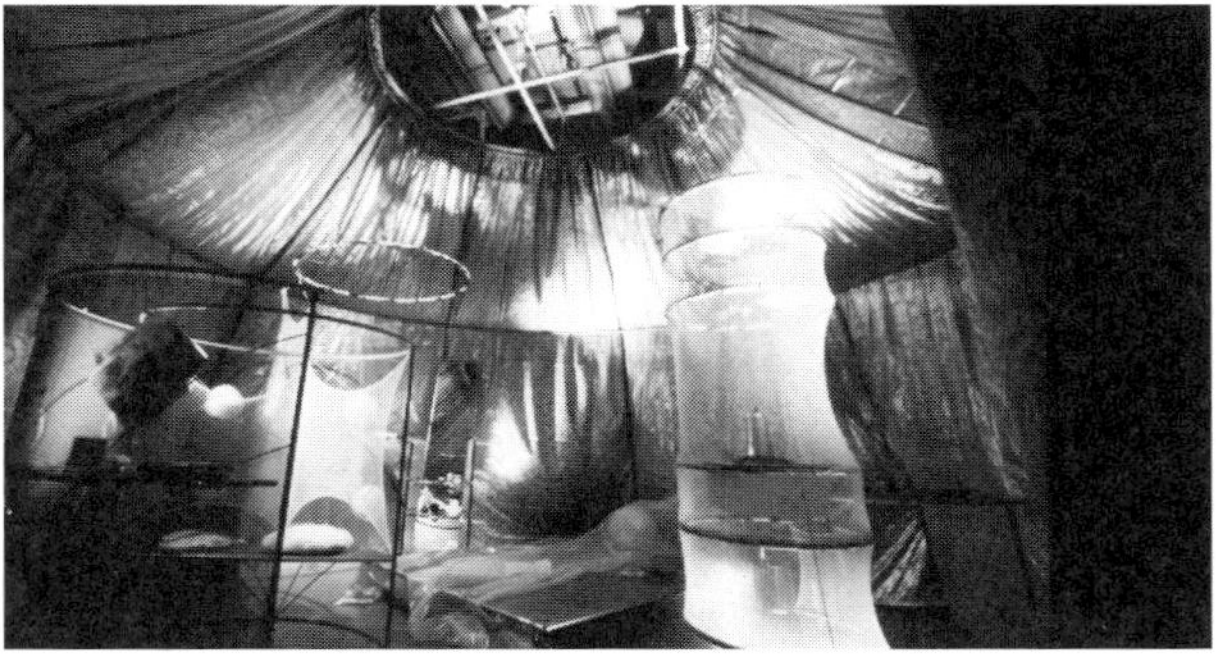
東京遊牧少女の包（パオ）（1985年竣工）　撮影＝大野繁

のをつくろうと思わないで幾何学的なものをつくろうというある種の開き直りがでてきたかな、という点でしょうか。

実際、八〇年代にノマド（遊牧民）をテーマにして「東京遊牧少女の包《パオ》」という建物をつくったのですが、これは二、三年で取り壊される前提でつくった仮設建物でした。だから「それなら本当にテントをつくってみよう」と思いました。ところが現実に公共建築物でテントをつくろうとすると、ものすごく硬いものになってしまう。中沢さんが七〇年代に見た芝居小屋のような、あるいは僕が子どもの頃に見たサーカス小屋のようなテントのようにふわーっと伸びやかなものにはならないんです。

中沢　たしかに、本物のテント小屋のつくりはいいかげんですからね（笑）。

伊東　そうなんです（笑）。それで、パオをつくったときには、そういうイメージを出すために、鉄骨で骨組をつくった上に、布や薄いアルミの板をたくさん張ったんです。できあがってから、橋の会のお能を上演したのですが、舞に合わせて天井がフワーッと浮いてみえたほどです。

だからイメージとしては、そういうこともできる。でも建築としてそれを実現しようとすると、硬いものになってしまう。だから座・高円寺では小屋は鉄でつくるんだ、ということを決めてしまったのですが、幾何学的な形をつきつめていくと、逆に芝居小屋やサーカス小屋のように感じられたりします。そこが建築の難しいところでもあり、面白いところでもあり……。

中沢　いや、その大人っぽさがいいと思います（笑）。今はアートと建築の境界線があまりはっきりしなくなってきて、ファッション雑誌などが建築をアート化しようとしていますけれども、やっぱり違うものでしょう。トンボが成虫になる直前のあのぬめぬめとした状態をアーティストはつくりだすことができます。インスタレーションであれ絵画であれ、とりあえず作品につくることはできる。

しかしアートの作品と建築の違い、つまり「施主がいるか、いないか」ということはとても大きいと思います。施主は、世間の常識です。そして、世間の常識がお金を払ってくれるわけです。伊東さんが考えるような柔らかいものを彼らの前にもっていくとき、相当大人っぽい対応をしないと彼らは認めてくれませんよね。アーティストはそういうことをしなくてもいい。永遠の子どもでいられるから——ということを僕は美術大学で嫌というほど体験し、ときどきもうこういう人たちとは付き合いたくないと思うこともあるのですが（笑）。

伊東　そんなこと言っちゃっていいんですか（笑）。

中沢　まあそれはともかくとして（笑）、建築家が作品をつくるときのアンビヴァレントな気持ちはそこからくるんじゃないかなと思うんです。

伊東　はい、そうですね。

中沢　多くの建築家にはただの大人だなと感じさせる人が多いのですが、一方で子どもみたいな人たちもいます。後者のようなタイプは、有名な建築家にもけっこう多いんじゃないかと思います。建築家の精神分析という研究も可能かもしれません。

　ところが、伊東さんの建築はそのあたりの対応が大人びていて、大人びているんだけれども柔らかい、ヤゴのときの感じを維持しているところがあって、そこに魅力を感じているんです。

伊東　自分でも「ある程度うまくいったかな」と思うときと、スペインのトレビエハのプロジェクトのように「ちょっとスパイラルをダイレクトに表現しすぎちゃったかな」と思うときがあります。ダイレクトに表現しすぎると、居心地悪い建築になってしまうような気がするのです。

中沢　建築とアートのせめぎあいといいますか、想像力のせめぎあいともいえるものが、おありなんですか？

伊東　もうそれは絶え間なくあります（笑）。失敗の繰り返しと言ってもいいんですけど（笑）。

中沢　なるほど……。

自然が支配する建築

伊東　ここで、最新のプロジェクトをご紹介してもいいですか？　こちらは台中メトロポリタン・オペラハウスです。

ご覧のように、生物的な構造体をコンクリートでつくろうとしているんです。設計はもう終わっています。今年になってからずっとこの工事を引き受けてくれる建設会社が手を挙げてくれるのを待っている状態ですが……どこも手を挙げてくれないんです（笑）。外形は豆腐のように四角いのですが、内部はほとんどが三次元の曲面の連続体です。五角形、六角形、七角形などの多角形から成る平面を積層し、それらを垂直方向に結んだうえで、スムージングをかけて骨のような構造体をつくります。ですからこれは幾何学があるようなないような中間的な状態でもあります。

内部にオペラの上演できる大小三つの劇場（二千席、八百席、二百席）を設置することになっています。ホワイエ（広間）には、台湾のアーティストに大きな壁画を描いてもらおうと思っています。

屋上には庭園があります。これを現場でどうやって施工するかといま研究中です。トラスウォール工法と呼ばれる施工法でまず二次元の曲線から成るトラスを垂直方向に並べ、それらを水平方向に結んで三次元の曲面をつくります。その両側にメッシュを張ってコンクリートを流すのです。実際に台湾でいくつもの原寸大のモックアップ（原寸模型）を部分的につくり、できているんですが、それでもこれで本当につくれるのだろうか、と躊躇するゼネコンばかりで大変です。

断面を連続させたCGを見ていただくとよくわかるのですが、十センチおきにセクション（断面）をズラし連結させると、流動体のような断面が見えてきます。水平に切ってもほとんど同じことが起こります。

こういう洞窟のようなイメージは、中野本町の家にもありましたし……いったいこ

台中メトロポリタン・オペラハウス（現場写真）
The Taichung Metropolitan Opera House is built by the Taichung City Government, Republic of China (Taiwan).

の原イメージは何なんですかね、これは（笑）。

中沢　そう言われましても……（笑）。

　水滴が動いていくような構造体ですね。僕がお金持ちだったらなんとかしてでも、絶対につくってもらうようにしますけれど（笑）。

伊東　台中市は市長以下みなさんぜひつくりたいと言ってくださっていて、そのために予算も増額してくれてはいるのですが……。

中沢　そういえば、台湾の人が好きな道教のお寺はみんなこんな風ですね。

伊東　あ、そうですか。

中沢　いろんな自然形態がごちゃごちゃになっていて、中でつながりあっているような構造体なんです。

　これを見ていて思ったことがあります。僕は最近経済学に凝っていて、今の経済学はつまんないな、と思うことがすごくありまして、それより前の、重農主義の経済学をアナクロニズムで勉強しています。どんな考え方かというと、重農主義というくらいですから、農業が大切なんですね。つまり、ものの「価値」をつくりだすのは自然だ、という考え方です。価値というものは、究極的に自然がつくりだしてきているものであり、それを人間社会は取り込むという循環が経済の基本に据えられていなければならない、という考え方で、フィジオクラシー（physiocracy）と言います。フィジオはフィシス（physis）、つまりギリシャ語の「自然」で、クラシー（cracy）とは「管理」のことです。「自然管理」というと、人間が自然を管理すると考える人がいるんですが、そうじゃないんです。自然のほうが人間を管理する、という考え方です。この考え方を建築の世界でもっているのは、伊東さん一人じゃないかなあ。とにかく例外的な建築家ですね。

建築思想の文章、建築哲学の文章を書く人たちがお手本によくするのが、ヴィトゲンシュタインという思想家です。ヴィトゲンシュタインは、人間のつくりだす構築物

台中メトロポリタン・オペラハウス（上：屋上庭園　中：大劇場内観　下：５階内観）上・中のCG=Kuramochi+oguma

をとおして、ある程度はこの世界のことを認識できるという考え方の人です。

ところが伊東さんの場合は、最終的にはフィシスが人間がつくりだすものを支配する、という考え方、建築における重農主義なんじゃないか。重農主義というと、流行りの農業ブームと受け取られそうですが、あの農業ブームを通してみんなが何を言いたがっているのかと考えてみたほうがいいと思うんです。人間の社会はお金だったり法律だったり社会制度だったり、人間が頭の中で考えたことで動いているような気がしているけれども、そのおおもとは身体だし、この身体の中で人間の想像力も思考も欲望も起こってくるんですよ。じゃあこの身体は何でできているのかというと、フィシスなんですね。人間の世界がフィシスにつながらないと、人間の世界は貧困化し滅びていく、という予感があると思うんです。

伊東　その通りですね。

中沢　だから今起こっている農業ブームは、表層的なものではないと僕は思っています。人間がつくりだすいろいろなもののなかに、フィシス、自然的なものの力を組み込んでいくことが、いろんなジャンルで行なわれなければいけないと思っているんです。いちばんそれが必要なのは、経済の領域です。そうしないと、人間の世界は破壊されていきます。思想もそうです。長いことヨーロッパ中心の思想の流れが続いてしまうと、どうしても人間中心の思想になります。人間の頭がつくりだすものを最優先してしてしまいます。アジア人の身体の中に宿っている考え方は、これとは違います。それを生かした生き方をつくりだしていかなければいけないと僕は思っています。

伊東　まったく同感です。僕は大学で建築を始めた頃に、丹下健三さん、磯崎新さん、黒川紀章さんといった方々が身近にいたのですが、建築が面白いものだという実感がいまひとつ持てずにいました。それで、学部を出た後は、菊竹清訓さんという建築家の下で働かせてもらったのですが、そのときに菊竹さんから、建築は論理や頭で考えるものではなくて、身体全体で考えるものだと教わったのです。そのことがわかったときに「建築って面白い」と実感しました。頭で考えた提案を菊竹さんのところに持って行くと、必ず三日でひっくり返されてしまう。でも身体から出てきた提案は受け入れられる。これはすごいことだ、と思いました。このことは僕自身、いまだに肝に銘じていることです。自分自身、「お前、本当にこれを腹の底から好きだと思っているのか？」と問い直すことにしています。

つい最近、菊竹清訓さんにお会いしたんです。菊竹さんは若い頃、いつも怒っている人だった、といろいろな人から聞いていました。その怒りの矛先はどこに向かっていたんだろう、と思っていたのですが、この間、八十歳をすでに超えた菊竹さんに、ようやくその答えを聞くことができました。菊竹さんの家は大地主だったのですが、戦後の農地改革で土地の大部分をほとんど失ってしまったそうです。と言っても、土地を失ったことに怒っていたわけではありません。それまで農業を通じて培ってきた文化を奪い去られた、それが戦後の日本を貧しくした、という怒りだったんですね。

それはおっしゃるとおりだな、と僕は思います。

中沢　建築は土地と結びついているし、土地なしの建築はありえません。農業もそうです。土地と密接に結びついています。建築と農業というのは、実はとても似ているんですね。たとえば斜面に住宅を造るときに「棚田《たなだ》造成」なんて言いますけれど、あの造成の仕方は農業にもともとあったものですし、この二つはともに土地というものと強く結びついていますね。でもそのことを建築家は忘れてしまっているのではないですか。

伊東　そうですね。

中沢　僕はときどき建築家の方たちと話していると腹が立ってくることがあるんですよ。この人たちは土地のことを忘れている、と。土地は不動産として売買できるものなのだから、買って確保してしまえば自分たちの好きなようにその上に建物を建てることができる、と思っているところがある。この考え方はとても不遜なものです。

だいたい、土地を売るという行為に含まれているとてつもない倒錯を意識すべきだと思います。東京の土地は、売買によってすっかり細分化されてしまいました。戦前には、大地主がいて広い土地を確保していました。小作料をとって小作人を働かせていたという意味では、たしかに搾取という側面がありました。ただ、この制度のもとでは、広い土地、大きな空間が維持されていました。

地主制度は歴史的には、資本主義に先立つ封建主義と対応するものとされています。封建主義、封建体制のなかには、問題がありましたし、そこには変えていくべき側面がたくさんありました。しかし、大地主による土地所有という制度を解体したとき、資本主義が隆盛し、土地は細分化され、売買されていった――この流れは地球上のいたるところで起こりました。そのことの意味をもっと考え直すことは必要だろうと思っています。

この問題を自分たちが直面する問題として受け止めたのはイギリス人だったと思います。たとえば、彼らはナショナルトラスト運動を始めました。大土地所有が否定されたときに公共地をつくって共同で管理するという形態を生み出すことで、土地をお金に換算して細分化していくという資本主義の動きを食い止めようとしたんですね。この点でナショナルトラストという考え方は、今伊東さんがおっしゃったことと関係があると思います。

僕たちは子どものころから、人は平等でなければならないし、富は全員に平等に分配されるのが理想型であると教えられてきました。たしかにそのとおりだし、何も間違っていないのですが、これを実現するためには、豊かな富を生み出す源泉である自然や土地を大切にする必要があります。だから、自然や土地をどんどんお金に変えて収奪することのないもう一つ別のシステムをもたなければ、本当の平等なんて実現できないだろうと考えています。

建築は土地と密接に結びついていますが、伊東さんは土地というものを、面積や立地条件だけではなく、土地というものがつながっているフィシス＝自然の領域を一体としてとらえられている、数少ない建築家の一人です。

伊東　僕はどこかで人間は自然の一部分だし、建築もまた自然の部分だ、と思っていて、そのことをいまの建築の幾何学を考える時にいかに実現できるのかを考えてきました。これが最大のテーマだと言ってもいいかもしれません。

建築が環境と関係をもつために

伊東　このことに関連して、今日は中沢さんにおうかがいしたいと思っていたことがありますす。それは「抽象」という問題です。私たちが現代建築をつくるときに必ず出てくる問題です。現代の建築家は、近代主義的な方法で建築をつくってきました。つまり、人間は自然の中で自然と関わりながらさまざまな振る舞いをしているのに、その振る舞いを「機能」という言葉で抽出、抽象して、その概念操作によって建築をつくるのが、当たり前のようになっています。そうして抽象的な概念操作に頼ってつくられた建築は自然の中に戻されるのだけれど、戻ったところであいかわらず抽象的なままで、周りの自然環境との関係をもてないという矛盾があるのです。このことは現代建築のかかえる本質的な問題だと感じています。

中沢　その問題の根源は、人間の根本的な能力の一つが抽象能力に関わっているからじゃないでしょうか。

伊東　その通りですね。

中沢　もっと言えば、抽象は、自然とは違う領域の秩序をつくりだします。だから抽象的につくられたものには、現実の中に対応物をもたない場合が生じます。人間の脳はそういうものをつくることができるようになっているんです。どうしてそういうことが可能になってしまうのかというと、今の人類、つまりホモ・サピエンスの脳のつくられかた、その脳の中で起こる心という現象の本質の中に抽象性が潜んでいるからでしょう。今の人間というものが最初から反自然としてつくられてしまったのでしょうね。それより前の人間は、反自然の存在ではありませんでした。ところが今の人類だけは反自然の存在になってしまった――そういう脳をもっているんです。これは否定できないことだろうと思います。

これは人間の文化というもののパラドクスであり、解きがたい謎の部分でもあります。たとえば今の人類が誕生した最初のころ、彼らは洞窟の中で宗教儀式をやっていました。洞窟の暗闇の中で何をやっていたのかというと、人間の脳の中に発生する抽象的な形態《エイドス》を見る、という体験をやっていたようなのです。つまり、抽象能力によって人間は飛躍したし、反自然を抱えることで飛躍したということです。この部分は人間の本質として消えないものをつくっています。

僕は若いときにチベット人の先生のもとで勉強をしましたが、彼らの教えによれば、人間の心はあるレベルまでは抽象能力を持っていて自然とは違う秩序をつくってしまう。たとえば、先ほど話した「言葉」がそうです。言葉は自然を表現しているようで、実はレベルが違うんですね。そのレベルにとどまっていると、人間はこの宇宙の中にあっていつまでたっても孤独なままでしょう。この抽象能力を踏み越えた先に、もっと大きな自然、チベット語では「ニュグマ」という、自然状態の心があるのだと言います。これは道教の「自然」の考えともつながっています。

人間は飛躍をして抽象能力を手に入れたけれども、まだその先があるのでしょう。その先に行くと、自然そのものをつくっている理法と同じものが働いているから、自然というものと、人間の心の奥底に広がってくるこの「超自然」、すなわち自然の先にあるものが一つにつながっていきます。僕はそれを「対称性」という考えでとらえようとしています。

伊東　その超自然というのは、抽象を超えているんですね？

中沢　超えています。普通の抽象能力には限界があります。人間が視覚や体感で空間を体感し、これを抽象化すると三次元の空間が出てきます。そしてその壁をもっと緩《ゆる》やかなカーブにしていく、ということをやったところで、どこまで行っても平面なんですね。どんなにでこぼこをつけていっても、平面としてしか感じられない。つまり、抽象能力というのは平面をつくる能力でしかないと考えられます。

人間の抽象的思考能力は、ものを考えるときに必ずなんらかの平面に行き当たってしまう。これが限界です。その限界の中にいる人間は、いつも自分が自然の中に何かの平面を押しつけてしまっているのだと意識しない限り、自然を抑圧してしまうことになります。

伊東　いや、本当に面白いです。

抽象ということで言えば、ユダヤ人は抽象能力が高いとよく言われますが、彼らの抽象能力とは違うのでしょうか？

中沢　おそらく違うのだろうと思います。ユダヤ的な抽象能力は、一つは数に現れます。それから数と深い関係にある貨幣です。何かと何かを交換するとき、それぞれが内包する同じものを取り出してくるのが貨幣です。ユダヤ人の抽象能力とは、同じものを取り出し続ける能力です。同じものを並べていくと、平面がつくられていきます。

一方で、同じものは一つとしてないんだ、ということを出発点とする考え方もあります。同じものは同一性で、違うものは差異――ごめんなさい、だんだん難しくなってきちゃいましたね（笑）――と言いますが、ユダヤ教にはカバラという秘教的な伝統がありまして、こちらの方では差異を非常に強調します。でも、一般的なユダヤ思考においてはそこまではいきませんし、自然科学や金融、抽象絵画が発達します。

でも、その先に何かがあるんだろう、と僕はいつも考えています。このことをいまにちゃんと形にしたいと思っています。でも、なかなかうまく取り出せないんですね。死ぬまで僕はこのことに挑戦し続けようと思っています。それは伊東さんが抱えていらっしゃる「抽象問題」と深く関わっていると思います。伊東さんは直感でこのことに気がついていて、さまざまな建築物をつくりながら、その空間の先にあるものをイメージされているんじゃないかと思います。それが現実の中につくられてくるときには平面として現れるけれども、伊東さんの想像力の中にあるときには、その先に触れてるんじゃないのかな、という印象を受けます。

伊東　そのお話はすごく興味をそそられますね。ぜひ、早く書いていただきたい……。

中沢　二十年以上取り組んでいるんですけれども、これがなかなか難しくて（笑）。日本語がダメなのかな、と思うこともありますが、英語でやってもダメでしょうし。

伊東　そうでしょうね。

中沢　これは伊東さんと組んで仕事をするしかないのかな（笑）。

大昔の人間はこのことをわかっていたということに、僕は諏訪を研究して『精霊の王』を書いたときに実感しました。諏訪を歩きまわり、古文書を読みあさるうちに、わかったんです。そして、伊東さんと藤森さんがその諏訪のご出身だと考えると感慨深いですね。伊東さんが下諏訪、藤森さんが上諏訪の出身で、諏訪湖を挟んだ対岸同士ですから、昔は対立していたんでしょう（笑）。ひょっとして今も（笑）。でもお二人のつくるものには、何か通じるものがあるような気もしないでもありません。もちろん、土地の問題にすべてを帰してしまうつもりはありませんが、でも、伊東さんがあの諏訪という土地に生まれたことは、ラッキーなことだと思います。伊東さんにとっても富なんじゃないかと思いますね。

伊東　自分ではどうにもできないことですからね……。

中と外とがひとつながりになった建築

中沢　伊東さんと話していると、僕はいつもすごく楽な気持ちになります（笑）。伊東さんが「自分の力でどうにもできない」とか「自分の知らないところから湧いてくる」とおっしゃる、その感覚がとても好きです。建築家の方は、わりと自分の思考の中で構成していく方が多いと思うのですが、伊東さんの建築は僕の言い方をすればフィジオクラートで、重農主義です――あ、おいやかもしれませんが（笑）。

伊東　いえそんなことはありません。むしろ光栄です（笑）。

中沢　自分の思想も重農主義的だと思っています。子どもの頃からそうでした。自分の考えていることは、どこか別のところで決定されたり、その影響を受けたりしてつくられているのだという感覚がありました。僕はわりと小さいころからマルクスを読んでいたのですが、マルクスもそういう人だな、と勝手に思っていました。それはなぜかというと、マルクスは、人間の世界のことは人間の外のことに決定されていて、人間は自分たちの世界をつくるけれどもその世界の根底にあるものは、外にあるものと矛盾しているから、つくりだしたものは必ず部分的に改変したり組織を解体したりしなければならない、と考えていたからなんですね。

だから、マルクスの「歴史は弁証法的に動いていく」という考え方は、究極的には、人間の問題は外に決定される、という方向に進んでいくだろうと思っていたのですが、世の中のマルクスの読み方は逆だったんですね。学生の時にそのことを知って愕然としました。昔の話で恐縮ですが、僕にとっては重大な問題でした。経済のことは経済の中だけで解決するとか、人間の思考のことはコンピュータの中だけで解決できるとか、人間の脳の中でコンピュータの働きと同じ働き方をしている部分を拡大していけば、人間の能力はすべてコンピュータで代替できるとか、そういう考え方をする人たちがいますし、大きい影響力をもっていますが、僕はこれに対して根本的に反対です。コンピュータで代替できる人間の脳の動きというのは、たしかに人間の心の一部ではありますが、人間の心の全体は脳というフィシスに包まれています。そのことをわかってないから、人間の考えることは変な方向にいってしまうんじゃないかなあ。僕はどうも世間の人と違う考えを持っているらしいという孤立感を持ってきましたが、伊東さんの建築の孤立——とは言いませんが、そのユニークさ、独立した存在感は、僕が抱えてきた孤独と響き合っているのを感じています。

伊東　今の抽象の話をうかがっていて、とてもよくわかるように思いました。抽象というのは、僕にとってはとてもやっかいだけれども避けては通れない問題で、ずっと考え続けてきましたから。

中沢　抽象には、大きく分けて二種類あるんじゃないかと思います。普通に言われている抽象の先にもう一種類の抽象があって、抽象画家のなかにはそのことに気づいている人が少数だけどいるな、と感じます。たとえばマレーヴィチ。不思議な作品が多くて、まっ黒い四角だったりするんですが、これがどうも普通の抽象じゃない感じがする。普通の抽象画は、第一種抽象、とでもいいましょうか、そういう範疇《はんちゅう》の中にありますし、その第一種抽象の下の方では貨幣や数字や情報といったメカニズムが動いています。これがいわゆる抽象の大部分であり、たいていの建築もこの範疇の中にあると思っています。

それとル・コルビュジェ。ル・コルビュジェの作品を見ると「この人はただの抽象じゃない、ただのモダンじゃないな」と感じることが、ときどきあるんですね。

伊東　まったくその通りです。

中沢　マレーヴィチに感じるものと似ているな、と思うんです。コルビュジェは第二種抽象とでもいうべきものを知っていたんじゃないかな、と感じることがあるぐらいです。それはなぜかというと、見ていて楽しいからです。

伊東　ええ、楽しいんです。

中沢　建築の中に妙に楽しいところがある。ところが、いわゆる抽象、つまり第一種抽象でつくられた建築は、あんまり楽しくない（笑）。

伊東　そのとおりですね。さっきの中沢さんの言葉で言えば、コルビュジェは重農主義だ、と感じることがあります。

中沢　面白い（笑）。

伊東　コルビュジェは、口ではあれほど理屈っぽいことを言っていたけれど、つくりだした建築はそういう理屈を遥かに超えて、いつでも輝いているんですよ。

中沢　とくに僕が感動したのは、インドでつくった作品です。インドの風土にあの抽象が本当によくはまっていて、楽しいんです。

伊東　自然との関係が無意識のうちにできている人なんですよ。

中沢　でも、コルビュジェ論にいろいろと目を通しても、そこを表現しきったものはないような気がします。コルビュジェのほうが先を行っていたのかな、きっと。

伊東　そうですね。

中沢　でもよかった——コルビュジェがいいなんて言ったら、怒られるんじゃないかと思ってました。
伊東　とんでもない。僕も若い頃にコルビュジェの作品は一通り見たのですが、この年になってもう一度コルビュジェを見て歩きたいな、と強く思っているくらいですから。
中沢　たぶん、さっき言っていた第二種抽象、コルビュジェがたぶん触れていたものと、伊東さんが一貫して追求している、地下道を通ってたどりつこうとするあの形態性は同じなんじゃないですか。
伊東　そうですか（笑）。
中沢　中野本町の家は外壁で囲まれているんですが、その壁がだんだん薄くなっていって境界が曖昧になっていって、内と外の区別がつかなくなっていきますよね。あれは、重農主義ともかかわってくるのですが、伊東さんの中にあるギフトの精神というか、他者を受け入れる精神を現しているように思います。人間は共同体をつくったり家をつくったりするとき、壁をつくってよその人が簡単に入ってこないようにします。だけれども、古代人を見ていると、遠来の客や、戦争が終わったあとに今まで戦っていた敵がやってきたとき、門戸を大きく開いて受け入れて宴会をやるんです。つまり、英語だとホスピタリティ、つまり饗応《きょうおう》によって受け入れをやるんです。この受け入れの精神が、伊東さんの建築のなかにあるある種の自然性と深いところでつながっているように思います。

伊東さんの作品は、他者の受け入れ、饗応の原理を前面に押し出している壁面だと言いましたが、じゃあそれが、どうしてあの座・高円寺の壁面にいきついたり、トレビエハのような螺旋の形に行き着いたのか、と考えてみると、もしかしたら今の時代のありよう、すなわちインターネットと関係があるんじゃないかな。インターネットの世界は個人の世界を公共へとどんどん開いていきますが、するととんでもない悪意をもった者――たとえばハッカーのような――を招き入れてしまう危険があります。だから、そうした悪意を遮断するために、閉じた上で開く、ということが必要になってきます。それが、座・高円寺のような空間には反映されているのではないかな、と思ったのですが――これは深読みすぎるでしょうか？

伊東　そうですね、ちょっと深読みだと思いますが……（笑）。ただ、せんだいメディアテークの前までは、できるだけ内と外の境界を薄くしようと努力していたのですが、それをやればやるほど内外の境界をつくってしまうということに気づいたんです。逆に壁をつくって、壁にうまい穴を開けると、そのほうが内と外が同じ、等価になる、ということに気づいたんです。
中沢　実際、生物がそうですからね。
伊東　ええ、そうなんです。
中沢　生物はつねに開きながら閉じているという状態を持続させています。建築物が生物に近づいていくとき、遮断しつつ自分をあるところで解体していくという構造体になっていく――そのことが、伊東さんが最近つくられている作品にはっきりとでているのかもしれません。内外の境界を薄くすることを目指していた時代より、今のほうが生物に近づいているのかもしれませんね。
伊東　そうかもしれません。台中オペラハウスの構造体なんかもほとんど消化管のようですし（笑）。
中沢　『ミクロの決死圏』みたいですものね（笑）。
伊東　そう思うと結構自分でも納得できてしまいますね（笑）。
中沢　時間になってしまいました、今日はどうもありがとうございました。今日は「東京アートダイバー」というシリーズの第一回でしたが、これからこのシリーズで取り組んでいく世界を一気に切り開く内容になったと思います。
伊東　こちらこそ、今日は勇気をたくさんもらいました。ありがとうございました。

2　自然と人間をわけない建築

伊東豊雄＋中沢新一

伊東　本日はお忙しいところをお越しいただきありがとうございます。今年は僕たちの建築設計事務所の創立四十周年にあたります。記念の会を催すにあたって僕自身のことをいろいろ言われないように企画したつもりだったんですが、結果的に建築関係の方々が多くなってしまって、ここまでの対談や座談会でいろいろなことを言われてしまいました（笑）。

中沢　建築家の方々はみなさん仲がいいんですね。

伊東　そうですかね？　一見仲がよさそうで、実は仲悪いんですよ。陰にいったらひどいこと言ってるんですよ（笑）。

中沢　それが仲のよい証拠で（笑）。

伊東　今回このような会を催そうと思ったひとつのきっかけは、私塾をつくろうと思っているからなんです。その経緯を簡単にご説明します。縁あって、愛媛県の今治市が私の建築ミュージアム、今治市伊東豊雄建築ミュージアムをつくってくださることになりました。場所は今治市内、広島県の尾道と今治をつなぐしまなみ街道で結ばれている瀬戸内海に浮かぶ大三島という島です。本当に美しい場所で、ミカン畑の斜面の中にミュージアムの敷地があります。そこにスティールハットとシルバーハットと呼ぶ二棟の建物の建設を進めているところです。

スティールハットは展示を中心とした建築物で、シルバーハットは若い建築家志望の学生さんたちや町の人たちとのワークショップを行なう場所です。スティールハットは文字通りスティールプレートを貼りあわせて出来ていまして、六角形の平面を持った四つの空間が組み合わされています。小さな住宅より一回り大きい二百平方メートルぐらいの建物です。

一方、シルバーハットはもとは一九八四年に東京・中野に竣工した私の自邸でした。屋外空間の多い建物でしたが、経年変化に伴う問題が出てきまして、一昨年の秋に解体しました。それを大三島に移して、と言いましても、実際は移せるものがほとんど何もなかったので（笑）、再生してみなさんに使っていただこうと思っております。二十六年前と同じような工事が繰り返されまして、ちょうど今、屋根のユニットが組み上がったところです。もともと風光明媚な大三島にあったほうがよかったのではと思えるような住宅でした。シルバーハットは（二〇一一年）四月末、スティールハットは三月いっぱいで工事が完成し、七月末にはミュージアムをオープンする予定です。

このミュージアムでは展示も行ないますが、それ以上に僕がやりたいのは、若い建築家を育てることです。育てたい、というと大袈裟ですけれども、若い人たちと一緒にこれからの建築を考えてみたい。また、ここ数年、小学生の子どもたちと一緒に建築のワークショップをやってきまして、子どものための建築のスクールもつくりたい。大三島はとてもいい所ですが、そこに住むというわけにはいきませんので、東京の神谷町で、早ければこの春、遅くとも夏までに小さな建築塾を始めたいと思っています。

なぜ塾を始めたいかといいますと、どうも今の建築の概念、現代建築の根底にある原理を根本的に変えないとだめなんじゃないかと思うからです。僕自身もいろいろ言っていても、やはり近代主義の建築に深く染まっていますので、そこから脱しない限りこれからの建築はあり得ないのではないかと思います。それを一言でいうと「抽象」、我々建築家が皆いまだに拘っている抽象の問題があります。たとえばキュビズ

今治市伊東豊雄建築ミュージアム（シルバーハット［手前］とスティールハット［奥］／2011年7月竣工。愛媛県今治市大三島町） 撮影＝阿野太一

ムの絵のように、自然と言ってもそれは本当の自然ではなくて、近代主義の枠の中でつくられた自然であり、その中で建築家は自然について語り、その中で建築についても語っている。また、その中で人間についても規定している。その枠を外さないとどうも次の建築はないのではないか。大げさなことを言わせてもらいますが（笑）。そこで、きょうは中沢新一さんにその辺のお話をお聞きしたいと思います。

中沢　伊東さんがこれから始める建築塾に僕もご協力して、建築という概念を全部ひっくり返して再編成してみたい、ということを一緒に考えたいと思っています。今、僕も人間についての科学を、哲学も含めて、全部土台をひっくり返して再編成しなきゃいけないと思っていまして、そういうことを昔の哲学者のヴィーコのようなやり方で考えているところです。僕もこう見えてもう六十歳なんです――（笑）。柳田國男が民俗学を始めたのは六十歳のときです。レヴィ＝ストロースが神話学に取り組んだのも六十代です。僕もこれからすべてを再編成する作業に本格的に取りかかろうと思っています。

今ご質問いただいたことの中でいちばん重要なポイントは抽象ということですよね。抽象という言葉はいろいろな意味があって、実に大きな概念ですが、今、僕らが理解している抽象というのはひじょうに狭い抽象でしかありません。それはどういう抽象かというと、今、伊東さんがキュビズムとおっしゃいましたが、それは西ヨーロッパで主に発達した抽象の考え方です。それがある意味、普遍性を演出してきましたが、この演出の時代がもう終わり始めているんじゃないかという印象を強く受けています。

それはたとえば経済を見ても、今の資本主義というのは普遍的な人類の中からつくられてくる資本主義ではなく、アングロ・サクソン型の資本主義です。核家族で個人主義をベースにして、資本主義をつくっているという資本主義。このような資本主義はどうしたって金融資本にいきつきますし、金融資本、グローバル資本という今の形態になってきます。しかし資本主義全体がうまく機能しなくなってきている。その原因とは、人類全体の資本主義ではないひじょうに特殊なアングロ・サクソン資本主義のようなものが普遍性の顔をしてしまったことではないかと思うんですね。

一方で、伊東さんのせんだいメディアテーク以後の建築をみていますと、人間と自然の間を分離しないツールをつくるということを主題にされていますよね。

伊東　そうしたいという……希望ですね（笑）。

中沢　抽象ということを考えると、たとえば先ほど言いましたようにヨーロッパ型の抽象というと、自然を切り離して人間の内面的な思考の中へ入って、その思考を抽象化して取り出してくるという抽象が一般化しています。しかし、内面と外の世界を分離し、外の世界を対象にする、自然を外として対象化するという考え方は、人間の世界の体験の仕方として普遍的なものではないんです。

これはどういうふうに言ったらいいかといいますと、ふたつのタイプがあるんですね。ひとつは人間が誕生してからつい最近まで約十数万年の間とっていた態度で、人間と自然との間に明確な分離がないという人間と自然との付き合い方です。それどころか僕と伊東さんがこうやって話しているときに、お互いの間に共通の場ができて、どこまでが伊東さんで、どこまでが僕かっていう区別がなくなる。つまり、主体と客体の間に一種の交叉《こうさ》が発生する状態、空間があって、明確に分離することができないんですね。

これについてヨーロッパの哲学で上手な言い方があって、キアスム（交叉）と言います。交叉とは、主体と客体が相互に交叉して一体になってしまう、そういう空間がつくられるわけです。最初に言いだしたのはヴァレリーですけれども、それを哲学者のメルロ゠ポンティが発達させました。

キアスムというのは主体と客体が行ったり来たりしてますから、矛盾した関係になっています。それをトポロジーにするとどうなるかということを考えたのが精神分析学者のラカンで、彼があらゆるものはこの関係——つまりキアスムはメビウスの帯やクラインの壺など、内も外もひとつながりになっているような構造なんだと思いきって、いわゆるフロイトが人間の無意識と言っていたのはこれだ、という学問体系をつくったんです。これは二十一世紀の学問体系のひとつのモデルになり得るものです。要するにキアスムは矛盾に満ちています。人間と自然の間に通路が発生してしまいますし、明確な分離ができません。明確な形態もできない。

そこには明らかに何かの知性が働いています。おそらく抽象能力というのは人類の普遍的な能力で、知性そのものと言ってもいいだろうと思います。人間は元々抽象能力を持っています。あるいは抽象能力を持ったから人類が生まれたとも言えます。それはラスコーの洞窟の絵にもはっきり見られます。ところが、今言ったキアスムみたいな世界のとらえ方で知性を働かせたときの抽象性と、人間と自然が分離したときに働く抽象性と、ふたつのタイプができてしまうんだろうと思うんですね。

僕らが「これが抽象性だ」と教え込まれてきて、建築や美術に大きな影響力をもってきた抽象性というのは分離型の抽象性です。しかし、幼児や未開社会の人たち、あるいは普通に僕たちが日常生活で体験しているこの空間はキアスム型で動いている。ここでは何か別の知性が動いているんですね。おそらく伊東さんが目指そうとしてるのは、そういうキアスムみたいな空間をどうやって知性化し、形態にまでもってこようかということなのではないかと考えているんです。

伊東　そうすると、現代の人間の間でもそういう交流は絶え間なく起こっている、と？

中沢　そうです。絶え間なく起こっています。絶え間なく起こっていますけれども、それは先程の経済も同じですが、主流になっているシステムがキアスムとは全然違うシステムでつくられてしまっています。また、おそらくモダニズムと呼ばれたひとつの思想や、建築、美術、芸術の流れも全部その思考をベースにして展開されてしまったということなのだろうと思います。それがだいたい行きづまってきている時代に今僕らは差し掛かっているんじゃないでしょうか。

伊東　今僕らは近代的な思考や合理主義の時代に生きていますけれども、十数万年の間、人間はずっと近代型ではない時代を生きてきて、いまだに近代型ではないものが私たちの世界を覆っている、近代的ではない世界のほうが異常なようにみえますけれども、中沢さんからするとそれは全く逆である、という訳ですね。

中沢　逆にしたいんですね。

伊東　逆にしたい。でも……。

中沢　――建築家の優秀な方って東大なんかで勉強しちゃうでしょ（笑）。やはりそうした大学では知性構造が完全に決まっているんですね。京大などもそうだろうと思います。勉強ができるということはものすごく曲者《くせもの》ですから。それから言うと、今日のイベントの伊東さんの最初の登場の仕方、着流し姿で北島三郎の「まつり」を熱唱していたあのお姿はとても素敵でした！（笑）。あの北島三郎的知性ですね、それをベースにして何かをつくりだすんだ、ということが重要ですし、あれこそこれからの建築家の目指すべき道なのではないかと（笑）。

伊東　あの、僕も一応東大出身なんですけど……（笑）。いや、覚悟しました。北島三郎を目指します（笑）。

中沢　とにかく僕が言いたかったのは、もう建築でやることは終わった、あるいは人間に可能な経済システムや芸術などはもうだいたい出尽くした、と思ってしまう今の状態は、何と言いますか、ゲームのルールの中に閉ざされているもので外がみえなくなってしまっている状態にすぎないのだと思うんですね。

伊東　同感です。

中沢　このゲームのルールを破壊したい。もちろん破壊するだけではなく、破壊した上に別の地盤というか、すごく強固な人類の知性というベースがあって、これは未だにすべての現代人の中にも潜在的に眠っているもの、働いているものですが、これをベースにして、いろいろなシステムを再構築していく作業がこれから始まっていくのではないかと思うんです。壊していく作業はツイッターなどの新しい情報ツールがやってくれていると思います。これからつくっていく作業というのが、それこそ、本当の意味での人間の知性なのだろうと思うんです。ただこの知性は僕らが近代的知性とは別の知性を開発していかない限り、また同じ間違いへと入り込んでしまう気がします。そういうことをさせないための軸を伊東さんと若い建築家のみなさんと考えていきたいと思います。

3　縄文のこころと建築

伊東豊雄＋中沢新一＋藤森照信

伊東　「伊東建築塾」発足のプレイベントになぜ中沢さんと藤森さんにおいでいただいたか——理由はいろいろあるのですが、お二方ともこの塾をたいへん身近に感じてくださり、これからもいろんな形でアドバイザーになってくださると仰っている方々です。また、僕にとって非常に関心のある存在ですので、今日はじっくり三人で話ができれば、と思って声をかけさせていただきました。

そもそもこの三人には共通点がありまして、みんな中央線沿線の出身なんです。中沢さんは甲府で、僕と藤森さんは諏訪の出身です。そして、中沢さんによると諏訪というのは縄文文化のいちばんの中心であったということです。

中沢　僕の家もどうやらもとは諏訪から出たみたいですから、だから三人とも諏訪出身なんですね。建築界を眺めてみると、「諏訪系」の建築家とそうじゃない人がいると思うのですが、いかがでしょう？（笑）。

伊東　どうでしょう（笑）。

藤森　僕と伊東さんとの関係ってヘンな感じですね。同じ時期に同じ場所で育ったんです。でもつくっているものはぜんぜん違う。つくっているものは違うんだけど、僕はずっと伊東さんのやってることに関心があった。でも昔は、まさか伊東さんが建物の上に草を植えるような人になるとは思わなかった（笑）。そう考えてみると、僕らの関係はよくわからないんですよ。

伊東　福岡市の埋立施設につくられた公園施設「ぐりんぐりん」は藤森さんにずいぶん酷評されました。「お前はあんなことをやるべきじゃない。屋根に植物を繋らせるのは容易じゃないんだ」と厳しく批判されたんですね。

ところで先日、信州の長野朝日放送で「おぉ！　信州人」という番組が放送されたんですが、その中で藤森さんと僕が取り上げられたんです。DVDを送ってもらって観たのですが、八歳の時の二人の写真が並んで映ったんです。もちろん、お互い知るよしもないのですが……。そしたらこれが、意外に似てたんですね（笑）。

中沢　素人目から見ると二人の建築には共通点を感じます。いい意味で「子ども」なんですね。磯崎新さんなどは「大人」でしょう。

藤森　僕は建築が専門といっても言葉を使う人間。磯崎新さんの場合も言葉を使うんだけど、彼とは違いを感じますね。どういうことなのかなあ。

中沢　藤森さんが書く文章も建築も、なんだか独特のリズムとか体の肉付きとか身振りとか、そういうのが注ぎ込まれてる。伊東さんの建築にもそれを感じます。ロジックでせめてもこの人たちには通用しないな、という気がするんですね。

藤森　磯崎さんは確かにロジカルです。つくっているものも文章も。また、磯崎さんの言葉、抽象的概念への関心というのは、本当に彼の身にしっかりとついているものですね。

中沢　僕は言葉を武器にして仕事をしていますけど、自分の書く文章は伊東さんの建築にちょっと似てるなと感じることは多いですし、藤森さんの茶室・高過庵《たかすぎあん》を訪ねたとき「これは俺の空間だ」と思ったこともある。要するに言葉にしろ建築にしろロジカルにつくる人がいる一方で、なにか不思議なものを入れちゃいたい人もいて、この二つの傾向はどちらもあるのですが、僕は後者のほう、つまり伊東さんや藤森さんに通じる感じがするし、二人がつくりだすものがすごくよくわかるんですよ。

伊東　なるほど。僕はかなり若い頃に中沢さんが書かれた『チベットのモーツァルト』（せりか書房、一九八三年［講談社学術文庫、二〇〇三年］）を読んだのですが、あの頃から一貫して中沢さんは「流れて行くもの」、流動体とか変様体という言葉をよく使われていますね。それに僕はすごく影響を受けています。僕の建築もいつも流れているものをイメージしているんですね。それはロジックとは違う気がします。

中沢　ロジックには二つのタイプがあるでしょう。エッジングをしていくと言いますか、周りから切り出して概念を自立させるのがヨーロッパ流のロジックの使い方。それに対してアジア人や日本人の概念の使い方は、「屋根の草」ではないけれど、周りに苔《こけ》がついていて、孔《あな》が空いていて空気の出入りを許すような概念を使って世界を組み立てていく。

先日の伊東さんの事務所設立四十周年の会の対談では伊東さんが「抽象」について話をされました。抽象化というのは人類に普遍的にある思考なのですが、こちらにもヨーロッパ流の抽象とそうじゃないのがあると僕は思っています。ヨーロッパ流は周りの世界から遮断することを前提にして世界を組み立てる。そして、このやり方をとると境界が常に行き詰まりますから、境界をひたすら遠目にしていくという作業を同時に行なうんですね。この作業を物質の世界でやるのが建築です――というか、物質界で無理やりこれをやっているのは建築くらいです。どうやるかというと境界を透明にするわけですが、透明にしても必ず外部性は遮断します。

ところが伊東さんの建築を見ていると、遮断をなんとか避けて、外部性を内側に入れていこうと努力をしているように思います。素材の使い方なんかもそうだと思います。また、藤森さんの建築も、見ていると壁面が外へ手足をのばして広がっていくようなイメージを受ける——つまり外部と内部を遮断しないようにしているんですね。ガラス面を目で見て外が入ってくるのではなく、物質的に入ってくる感覚を受けるんです。

伊東　なるほど。そういえば、僕がつくった下諏訪の博物館（下諏訪町立諏訪湖博物館・赤彦記念館）を見て、藤森さんは「裏返った中野本町の家だね」とおっしゃったんですよ。

藤森　そうです。

伊東さんの建築のどこが若い人たちの建築に影響を与えたかというと「内と外の反転」だと思うんです。伊東さんは若い頃、中野本町の家という、ナメクジのようなバームクーヘンのような——じつは便器というのがいちばんわかりやすいんだけど（笑）——建築をつくった。そして、十七年後に伊東さんがつくった下諏訪の博物館を見たら、あの中野本町の家の内が外へと反転した形になっていた。

建築家で「反転」という操作をした人はいないんです。当たり前のことだけど、内と外は切るか連結させるか、のどちらかです。日本は伝統的に内と外が連なるやり方をとり、ヨーロッパは切るというやり方をとってきたけれど、内と外を反転させるということをやった人は世界でも伊東さんが初めてです。びっくりしました。伊東さんは誰も考えていないような変なことをやる建築家ですよ。反転というのはつまり、内が外になることであり、わかったようなわからないようなことなんです。

以前伊東さんと話したときに、「まっすぐな壁より、ちょっとペコンと凹んでる壁が好き」とおっしゃっていました。それだけで壁で仕切られた相互の空間の性格が変わる、と言う。なるほど、と思いました。内と外がずるずるつながるわけじゃないけど、何かこう響き合うやり方を伊東さんはやる。それを建築としてちゃんとわかりやすくやったのがせんだいメディアテークですね。現実の筒の内側に外が入り込んでいて、筒の外側はいわゆる部屋とされる内側になっているので、外部というものが曖昧になっているんです。

それともう一つ、伊東さんの建築について興味があることがあるんです——難しい反転的建築をつくったとき、どうして外観がどうしようもなくなるのか、と。外観に元気がないんですよ。伊東さんにこのことを訊ねたら「外観はなくなってほしい――外観がないというわけにはいかないからしょうがなくつくってる」とおっしゃる。多摩美術大学図書館の外観のアーチにはガラスがはまってるけど、あれも本当はないほうがいいんでしょう？（笑）。

伊東　うーん、ほんとはね。ガラスを入れるたびにいつも「またやっちゃったな」って思ってます（笑）。

藤森　とにかく、伊東さんの建築は反転っていう不思議な空間のつくり方をしていて、それが妹島和世さんをはじめとする若い建築家の連中に影響を与えているんだな、と僕は思う。

伊東　今日は妹島さん、来てますよ。

藤森　すいません（笑）。

伊東　妹島さんはもう若い連中じゃないですよ（笑）。

藤森　とにかく、伊東豊雄からは、内でも外でもない、言葉で言い表せないような変なものが生まれた――そういう風に僕は思ってるんですね。

反転する建築は論理ではとらえられない

伊東　ちょっと話を戻します。中沢さんに聞いてみたいと思ったことがありまして、非常に単純な話になるのですが——僕は諏訪湖のほとりで育ちまして、家には諏訪湖の湖底から出てくる温泉のパイプがひかれていました。朝から太い管で温泉が出ていたので、小学生のころから朝風呂に入ってたんです。加えて、僕は巳年《みどし》、つまりヘビ年生まれです。僕は水平なものや長いもの、それからチューブ状のものが大好きなんですが、それは、育った環境や生まれ年と何か関係があるような気がしてしまうんですね。

中沢　あるかもしれないですね（笑）。たしかに、諏訪地方にはヘビにまつわる神話や伝説がたくさんあります。すごくはなれた二つの池をヘビが行ったり来たりする話もありますし、そもそも諏訪湖から発する川の名は天竜川というくらいですからね。

藤森　伊東さんの子供時代の温泉の話、写真を見せてもらってびっくりしましたよ。諏訪湖の水中に湧いてる温泉を地下からひくもんだから、諏訪湖から鉄管が顔を出して、それが伊東家のほうへずーっと伸びてきてる。あんなに諏訪湖が身近な生活をしていたのだとは思いませんでした。

多摩美術大学図書館（上：外観　下：2 階内観／ 2007 年竣工）
撮影＝上：石黒写真研究所　下：伊奈英次

中沢　さっき藤森さんがおっしゃった「反転」という話も関係してますね。たいていの宗教建築は反転を隠しています。仏像なんかもそう。それがいちばん如実なのが観音様。いちばん古い観音様は十一面観音で、頭の上に仏様の顔がたくさん湧き出してるんですけど、あれ、上から見てみると渦巻いてるんです。渦巻いて外へ向かって吹き出してる。

　日本人は十一面観音がとても好きなんですけど、観音様が安置されている場所はだいたい水源地で、そこは古代人がヘビ神を祀っていた場所です。ヘビ神様が祀られていたところに仏像をおく、仏像は古い神様を鎮める役目をしているのですが、十一面観音の場合は本質がヘビですから、大地の力が外にむかって吹き出すんですね。だから頭上に顔が吹き出すという構造になっています。

　別の例を挙げると、ボロブドゥール遺跡の場合、仏様が仏塔の周りを取り囲んでいるのですが、あれも反転しているんです。お腹、つまり子宮の中にいたたくさんの仏様が外側に向かって吹き出してきて、反転して外側へ出ている、というのがボロブドゥールの構造なんですね。古代の家は母親の子宮を象《かたど》ったと言われることが多いですけど、家の中へ入っていくとかまどがあって空間全体が子宮になっています。家の中の女性の力みたいなものがかまどから上方に吹き出るような構造になっているんです。

一方で、伊東さんが建物に草をはやした（福岡アイランドシティ中央公園中核施設ぐりんぐりん）じゃないですか。あの草は古代の家の構造でいうと、ちょうど内と外が反転して、内側が外に出ている状態です。実は反転が最も典型的に表現された日本の建築は、伊勢神宮です。千木《ちぎ》（棟上に交差した木）の構造は、下から屋根がせり上がって、反転して上へ向かって開いています。ところがこのひねりの意味、反転してることの意味が、現代人にはなかなか理解されませんでした。また名前を出して申しわけないのですが、磯崎さんは伊勢神宮の本をお書きになっているけれども、千木の構造に「構築への意味」だけを読みとって、ひねりを含んだY字構造の意味が見えていない。ヨーロッパ流のロジックを積み重ねるやり方だと、内側が外側に向かってひねりを含んで展開していくときの反転を完璧に表現することができません。

藤森　ロジックでとらえようとすると矛盾してしまうんですね。

中沢　ええ、矛盾してるんです。そして、この矛盾を建築の中にどう取り込むかということに伊東さんは取り組まれているのだと僕は睨んでいます。古代建築は基本的に矛盾したことをやる。そして、藤森さんの茶室（空飛ぶ泥舟）に行ったときも同じことを感じました——この人、縄文人と同じ考え方してるな、と（笑）。

建築史の教科書、ヨーロッパ流の建築論には出てこないし、古くて特殊な建築の捉え方かもしれませんが、でも確かにそういう世界の捉え方、造形の仕方はあったはずで、そちらのほうが昔は主流でした。ところがヨーロッパ文明が勢力を拡大して文化のヘゲモニーを握ると、だんだん消えてしまった。日本の場合は、神道が発展してくると抑圧されました。縄文が弥生に抑圧されたからです。弥生がリニアル（線形）な空間をつくるのに対して、縄文は反転していく矛盾体みたいなもので造形をする。この非合理は、古代日本でも「よくないもの」だとして、抑えつけられました。でも諏訪にかろうじて残った。

藤森　御柱祭《おんばしら》なんて縄文の柱立ての信仰ですけど、あんな古い祭りをやっているのは日本では諏訪だけですからね。世界に似たような祭りはわずかにありますけれど、本格的にやってるのは日本列島の諏訪だけです。

中沢　諏訪の人たちは命かけてやってますからね。

藤森　今年（二〇一一年）は三人亡くなりました。

絶対的な水平感

伊東　藤森さんの建築（神長官守矢史料館）は、ぱっと見ると洞窟みたいに見えて、じつは地上に浮かんでるじゃないですか。あれはどういうことなんですか？

藤森　外観は天に向かって伸びるのが好きで、しかし室内は洞窟状が好きなんです。神長官《じんちょうかん》っていうのは諏訪大社の信仰を九十代近くにわたって支えてきた家で、さまざまな貴重な史料を残しているのですが、その史料を収めたのがあの建物です。

余談になりますが、中沢さんは昔から諏訪の縄文的伝統の研究をされていて、神長官家の調査もされていた。それで、ある日来てみたら守矢家（神長官家）の敷地に変な建物ができていたので「なんだこれは!?」と言ったらしい（笑）。

中沢　藤森さんのお父さんとお母さんが隣の畑で畑仕事してらしたんですよ。話しかけたら「うちの息子がこんなものつくっちゃって」っておっしゃってました（笑）。

藤森　なんだかわからないんだけれど、設計していたら、屋根を打ち破って、柱を立てないと落ち着かないんです。とにかく伸びないと、という気持ちがあった。地に伏した建築物ではない、という気がしていたんです。御柱を立てることに通じているのかもしれませんね。

諏訪大社というのは、諏訪湖を挟んで上社《かみやしろ》と下社《しもやしろ》がある。僕は上社の神体山である守屋山の麓《ふもと》で育ち、伊東さんは下社の神体山の麓で育ちました。伊東家はお墓も下社の脇のお寺にあります。二〇〇九年に伊東さんの奥様が亡くなられて、昨年、伊東さんが新しく墓石を設計されたと聞いたので、僕自身、亡くなられた奥様にＮＨＫがらみのことでずいぶんお世話になったものですから、お墓参りに行ってきたんです。伊東さんの設計されたお墓は、墓石にお父様の詠まれた諏訪湖の句が刻まれていてなかなかいいんですけど、それよりびっくりしたのは墓所からの眺めでした。対岸に上社と守屋山が意外に間近に見えたんです。「僕と伊東豊雄は、死んだら諏訪湖を挟んで建築について飽かずしゃべることになるんだな、これは退屈しないな」と思いましたね（笑）。

中沢　御神渡《おみわた》りの方向に沿って、一直線に向き合っているんですね。

藤森　そうです。伊東さんが見て育った諏訪湖について思ったこと、それは絶対的な水平感です。絶対的な水平感っていうのはわかりづらいんですけれど、伊東さんにはそれがある。

中沢　それは子どものときから温泉につかってたからかな？（笑）。

藤森　そうなのかな（笑）。諏訪湖を見ていて思い出したのが、伊東さんの描いたせんだいメディアテークの最初のスケッチでした。中からふーっと変なものが浮かび上がってくるようなスケッチ。あれは絶対的な水平感がないと出てこないんですよ。磯崎さんが描いたら四角い箱になるだけです。

それで、僕は伊東さんにこの話をしたんです。「伊東さんは諏訪湖のほとりで育ったから、絶対的な水平感があるんだね。あの平らさが伊東さんの基本ですね」と。そしたら、伊東さん、なんて言ったと思う？「いや、お前の諏訪湖理解は甘い」って言ったんですよ（笑）。

伊東　そんなこと言わないよ（笑）。

藤森　「お前は海との違いがわかってない」って言われたよ。

伊東　ああ……どんな言い方をしたかは覚えていませんが、もしかしたら……（笑）。僕はとにかく山の空気が好きなんです。海のないところで育ったせいもあるかもしれませんが、海の空気はなんだか淀んでいるような気がしてしまって。

藤森　海は知的ではないんだよ（笑）。

伊東　きれいな感じしないじゃないですか（笑）。

中沢　湘南とかね（笑）。

藤森　伊東さんは前に、「諏訪湖の本当の魅力は、真っ平らな湖面の向こうに、ぐるっと取り囲むように山があることだ」と言ってたんです。伊東家のお墓に立ってみると、本当に山がぐるっと巡っていて自分の背中まで来てるんです。びっくりしたんだ。海のように水面が果てまで続いてわけがわからなくなるんじゃなくて、水平面を高からず低からずの山脈《やまなみ》がぐーっと取り囲んでいる。これはほとんど伊東さんの建築ですよ。伊東さんの中に基本的な感覚としてしみ込んでるんだと思うし、その感覚と合うものをいろいろ選択してやってるんじゃないのかっていうのが、私の伊東論です。

伊東　藤森さんの見方はいつも面白いんですよ。僕がつくったまつもと市民芸術館は、外壁にたくさん穴があいていて、ガラスが象嵌《ぞうがん》されているんです。そこから淡い光が入ってくるのですが、それを見たいろんな人がいろんな言い方をする。「牡丹《ぼたん》雪みたい」だとか「木漏れ日みたい」だとか。ところが藤森さんだけが「これは地下から湧き水と泡がブクブク上がってきてできる泡みたいなものだね。下から来たものだよ」って言われた。他の人はみんな上から来たものだって言うのに、逆のことを言っていたんですよ。それは、さっきの湖面の話と共通してるなと思いました。下から来るってことが共通してるんですよ。

中沢　柱を建てるというのは、宇宙的な行為でしょう。諏訪の御柱祭では山の奥から植物を切り出してきて、いわば山の精みたいなものを木と一緒に里へ引き出してくる。そして、いちばんのメインイベントはこれを立てることなんですね。先日イタリアのドキュメンタリー映画を見てましたら、イタリアの田舎のキリスト教の世界でも同じことをやっていました。みんなで山の奥へ行って木を切り出してくるということをやっている。その木を広場でわあわあ言いながらみんなで立てるのです。その木が倒れたら切って、炭をつくる。つまり山から山のスピリット、あるいは植物の霊を引っぱってきて、里の中心へもってきて、これを天に向かって立てる、つなぐっていう行為をやるんですね。

藤森さんの茶室もやっぱり立ててます。洞窟みたいなものを引き出して、その洞窟みたいなものを空中へ立てるっていう行為をやっている。だから水平であることと、その水平の下を何かが流動している感覚をもち、それを里の中心部にもってきて天空に向かって立ち上がらせることは、じっさいには一連の行為だと思います。

先ほど諏訪の地形の問題が出ましたけれど、守屋山の前に諏訪湖があるという、あの湖と山のペアはおそらくユーラシアで一番古い観念じゃないかなと思うんです。チベット人の聖地も山と湖のペアなんです。このペアが神様になってる。それに、諏訪の御柱祭といちばん似ているお祭りも、ユーラシア大陸のへそとでもいうべきネパールにあるんですよね。

藤森　そうそう、ネパールにありますね。

中沢　カトマンドゥは今は盆地ですがもともと大きな湖だったんです。伝説によればこの湖には龍神＝ヘビがいて、それをマンジュシュリー（文殊）菩薩が抑えることによって今のカトマンドゥという町ができた、とされています。そしてカトマンドゥに

まつもと市民芸術館（1階）　撮影＝上田宏

は、山の中から引いてきたものを上に向かって立てる、というタイプの祭りがあります。

伊東　その伝説は全然知りませんでしたが、僕は初めてネパールに行ったときに「ああ、自分の故郷に帰ってきたような気がする」と思ったんです。「これは諏訪の風景を浄化したみたいな風景だな」と。懐かしさを感じました。

中沢　次はぜひブータンへ行かれるといいですよ。空港からおりてパロやティンプーという町へ行く道を行ったとき、「おお、これは信州だ」と思いましたから。「うん、これは信州だ、甲州じゃないな」と。

伊東　甲府も盆地ですけれど、ずいぶん違うんですか？

中沢　縄文時代の地図を見ると甲府もやはり大きい湖です。諏訪も巨大な湖。その点は似てるんですけど、諏訪みたいに天空に向かって木を立てるとか、そういう雄大なことはあんまりしない。甲府は丸い石を祀ったり、細かいことするんですよ。
藤森　あれももとは立石《りっせき》（スタンディング・ストーン）の流れですか？
中沢　裏側はそうなっていますね。後ろには必ず木が生えてる。
　とにかく湖と山のペアは人間にすごく深い影響をずっと与え続けていて、それが知的な探求を誘ったんじゃないのかな、と思っています。だから僕も海がだめなんです。海辺へ行くと心がザワザワとざわめいちゃって。
藤森　海は曖昧な感じがする。とりとめない、というか。
中沢　それは藤森さんの性格的な問題では？（笑）。でも、修験道はだいたい山のものですからね。
藤森　海の修験道って聞いたことないから。
中沢　あることはあるらしいんですけど、海辺を歩く修験道はぱっとしないですよ（笑）。

地べたと建物の関係はむずかしい

伊東　ところで先日中沢さんが建築と抽象の問題について語ってくださったけれど（本書第三章の2）、藤森さんの建築を見ても抽象だとは誰も思わないと思うんですよ。この点は、かなり意図的にやられてるんですか？

藤森　意図的ではないです。僕は自分の設計について考えないようにしてるんですよ。ものをつくる人が自分の内側について考えているのはまずいことだ、という気持ちがある。暗がりで発酵が進んでいる状態に光をあてるようなものでしょう。言葉というのは光みたいなものです。光を当てたらカビが殺菌されちゃうのと同じで、ものをつくっているときは言葉で説明しちゃだめなんです。それは他人がやることである、と僕は、日本の戦後の建築家のある人を観察してて思いましたね。言葉の使い方の苦手な人がまわりの影響で言葉を使いだしたら、とたんに設計が理屈で悪くなっちゃう例を見た。言葉を使うのが苦手な人は、妹島さんみたいに何も応えないか、安藤（忠雄）さんみたいに「木を植えましょう」という、誰も否定できないことを言っているのがいい（笑）。「木を植えましょう」というのは「平和がいい」というのと同じくらい、大事なことですが、理論とはいえない当たり前のこと。

中沢　ミュージシャンだってそうですよね。何か訊かれたら「俺、ロッカーだから」と言っているだけでいいんだもの（笑）。彼らが理屈を言いだすとつまらなくなるのは確かなんですが。

藤森　そう。それで、僕は自分が設計するときには言葉＝光を自分に当てないようにしていて、むしろ周りからいろいろ言われるわけですが、そのなかでいちばんぎくっとしたのは、じつは伊東さんの発言なんです。

僕の秋野不矩美術館が完成したとき、みんなが「あれは地から生えたような建物だと思う」と言っていたのに、伊東さんだけが「そうじゃないよ。あれはどっか知らないところから飛んできてあそこに着地したもんだ」と言われた。僕はぎょっとしましたね。なぜかというと、処女作の神長官守矢史料館も実はそうだったんですが、完成して一人で見たとき、建物が一分の一の模型、実物大の模型に見えたんです。これは恐怖ですよ。なんでこんなことになったんだろう、と思って考えてみたら、背後の土壁の裾の下端を水がしみ上らないように切っといたのがまずかったんです。小さなことですが、それだけで建物が模型に見えてしまっていたんですね。

接地、つまり建物と地面との関係というのはものすごく注意深くやらなきゃいけないんです。その後はあそこに土のせて、慌てて草を植えました。切ったところを隠したとたんに建物が地に着いたんですね。

だからあの建物は地から生えたような建物にしたつもりだった。だけどちょっとしたことで実は模型に見えるってことにも気づいていた。でも、僕はそのことは誰にも言っていませんでした。ところが伊東さんは「遠くから飛んできた建物みたいだ」とずばっと言う。いやもう、怖い人だなと思いましたよ（笑）。

建物というのは、やっぱり人工物ですから当然地から生えたもんじゃないんですよ。地から生えたものとしてつくる方法もあるが、微妙なところで地から生えたものではないんです。その微妙さは自分でも説明できないんですが、すごく大事なところだと思っています。本当に地から生えたものは人がつくる必要はないですからね。だっていっぱいあるんだから。建築家は地から生えたものをつくってるわけじゃない。けれども、なんとかしたい。

僕の建築を見ていただければわかるんだけどね、境目にはものすごく注意してつくっています。一切なにも境がないように、と考えている。だけど、建物をつくれば、敷地の中は芝生があって、そのすぐ外には側溝《そっこう》があって境ができてしまう。この点でいちばん苦労したのは赤瀬川原平さんの家（ニラハウス）。家の前にガードレールがあって境になってしまうので、ガードレールを土で包んで芝生でくるみました。

敷地と周囲の関係、あるいは建築と地べたとの関係は重要だし難しい。うまくいかないと伊東さんみたいな人にすぐ見抜かれる。じっさい、他人がつくった建物を見るとこの関係がうまくいっていないものがたくさんあるんですよ。いちばんうまくいってないのはルイス・カーン。超有名な建築家ですが、あの人の建物は建物だけ見てると素晴らしいけど、地べたとの接点が残念。その辺の学生がやるようなことをやっている。おそらくどうやっていいかわかんなかったんだと思うんですよね。

中沢　なんだか私生活が想像できそうな方ですね（笑）。

藤森　名作といわれるキンベル美術館やペンシルヴァニア大学リチャーズ医学研究所棟もダメ。地べたの処理がいちばんうまくいっているカーンの作品は、僕の見るところ二例しかないです。一つはソーク研究所で、これは地べたを全部打ち放しコンクリートにしてしまった。これはいい。もう一つはダッカの水の上に浮かした国会議事堂。これもいい。でも、大地においたのは全然ダメ。「もうちょっと考えろよ」と言いたくなるようなものばかり。彼はユダヤ人だからかもしれないけれど、「地に着く」という思想も感覚も乏しいんですね。

中沢　なるほど。たしかにユダヤ人の思考方法は、「抽象」ということがあらわになる瞬間に関心を持ちますからね。そして、一方からもう一方へはジャンプしないといけない、ということをしきりに主張する。マルクスも『資本論』の中で物々交換をやっていたところに貨幣が出てくるくだりで、「さあ、飛べ。ここがロドス島だ」という言い方をする。つまり「貨幣にジャンプしろ」というわけ。でもこの感じ、要するに物々交換＝贈与から貨幣を使う交換になるのって、ジャンプとも言えるかもしれないけど……。

藤森　対立をずーっと並行させたっていいんだよ。

中沢　ずるずると向こうのほうへ入り込んじゃったっていい。

藤森　物々交換と貨幣経済の両方をやってたっていいんだよ。

中沢　ずるずると自然と人工が、つながっちゃう思考方法もあると思います。文学者にも「ジャンプ派」と「ずるずる派」の二つのタイプがあって全然違う。ジャンプ派は自殺することを強調する人でもあって、たとえば太宰治がそうですね。ところが太宰の先生の井伏鱒二や深沢七郎はずるずる派。

伊東　深沢七郎は山梨の人ですね。

藤森　中沢さんも山梨だ（笑）。

伊東　ああ、そうか（笑）。

中沢　僕は建築についてはとりわけ興味があるわけではありませんが、建築家の中で働いてる思考方法にもやはりこの二つのタイプが働いているな、と思います。その分かれ目、出発点は何かというと、地面の上に人工の、つまり頭がつくったビジョンを物質化したものを建てるという行為に潜在している矛盾です。

藤森　驚いたなあ。そういう建築の考え方をちゃんと言ったのはあなたが最初だ。「建築というのは大地の上に人間の頭で考えたものを置くものなんだ」という説明は初めて聞いたよ。その通りだ。

中沢　そうですか？　うれしいな。

藤森　そんなこと誰も言わないですよ。でも、いわれてみればその通りだ（笑）。頭で考えたものを頭の外の自然の上に置くのが建築だ。

中沢　ガウディのサグラダ・ファミリアを初めて見たときに、「地面から植物が上に向かって成長してるんだな」と感じたんですね。ただし中に入ってみたら全部幾何学形になっててがっかりした。

藤森　あの幾何学は最近のですけどね。ガウディのデザインではない。

中沢　そうですか。とにかくあの幾何学形の内部を見て「えっ？」と思った。この建築は本当に一貫した思想でつくられてるんだろうか、と思っちゃったんですよ。その違和感が『バルセロナ、秘数3』（中央公論社、一九九〇年［中公文庫、一九九二年］）

って本を書かせた。あの本に書いたことも、基本的にお二人が抱いている問題意識につながっています。やっぱり3っていう自然がつくりだす構造と、4とか2とか、二元論とか理性がつくるものとの相克。やっぱり建築にせよ何にせよ人間のつくるものには後者が行き渡っていますから。

二十世紀建築は科学と数学がつくった

藤森　人間がつくるものと自然との関係、自然と建築をどうするか、という問題は、僕にとっては諏訪大社筆頭神官守矢家の史料館をつくったときからのテーマなんです。伊東さんがそういう問題を考えだしたのはいつからですか？

伊東　系統立てて考えてはいないけれど、一九九〇年前後でしょうか。僕は無意識のうちに、洞窟的なぬるぬるした空間をつくっているわけです。そこから脱皮したいといつも思って、また別のことをやる。ところがやってみると、どうもまた地下に潜りたいといった気持ちが必ず出てくる。だから、幾何学の強い作品をつくると、すぐまた次は幾何学を壊したいという衝動が出てくる、その繰り返しなんですよ。何か理屈をつけたいのが近代建築家ですから。そういうのをやると、自分では「どうもあんまりおもしろくないな」と思ってしまうのですね。

藤森　自然というのは木とか水とか、ごく普通の目の前にあるもの。ところが近代建築、二十世紀建築は科学技術に立脚するという基本を固めて以来、自然については一切触れない。自然がいいとか悪いとか言わないんです。自然については触れない。もう一つ、二十世紀建築が触れなかったものがあって、それは「過ぎたこと」、つまり過去には触れない。

つまり、二十世紀建築は自然と歴史を外部に置いて建築をつくる論理を立ててきた。究極的には数学をもとにした建築。自然を批判したわけでも、興味がないと言ったわけでもまったくなくて、ただ触れなかった。触れたとたんにおそらく自分たちの論理が崩れることを、二十世紀建築の担い手たちは敏感にわかっていたからに違いない。自然と歴史の二つが二十世紀建築と全然違う原理だとわかっていた。

それなのに、伊東さんは建築に自然を取り込もうとしてる。それはどうしてなんだろう？

伊東　いや、建築に取り込もうとはそんなに思っていないんですよ。ぐりんぐりんのときは、たまたま地形を使おうと思ったからですし、その他の作品のときも取り込もうなんて思っていませんでした。ただ自然と建築の境界を曖昧にしたいという気持ちはいつもあります。

今の話を伺っていて、思い出した問題があります。伊東建築塾を始めるそもそものきっかけの一つに、「くまもとアートポリス」で直面した問題があるんです。僕はコミッショナーとして、素晴らしい建築家の作品を紹介するわけですが、地元の人たちにはどうもあまり評判がよくない。日本で最優秀だといわれている建築家をつれていってつくってもらった建築が、地元では「なんだ、これは？」という評価になってしまう。もちろんものの見方にはいろいろあるのは当たり前だけれど、一方で近代建築の孕《はら》んでいる基本的な問題を示しているのではないかと思うんです。たとえば「こんなに雨の多いところで、なんでフラットルーフ（陸屋根）でなくちゃいけないんだ？わざわざ雨の漏ることをどうしてやるんだよ？」と言われたら答えようがないのです。

藤森　二十世紀建築はそういう思想でずっときたからね。

伊東　ガラス張りにすると、「なんでこんな暑いところでガラス張りのものをやるんだ」と言われる。説明しようがない。でも、建築家が百人いたら九十人くらいは「ガラス張りでいいんだ」とやっぱり言うわけですよ。そうすると、自然と人間との関係、自然と建築との関係に、何か基本的な問題があるんじゃないかと思ってしまうんです。

藤森　普通の人は、白い大ガラスの箱を嫌がりやすい。

伊東　それならやっぱり建築家の論理を変えなくてはいけないと思いますね。自分も

「ガラス張りがやっぱり美しい」と思ってしまうところがあるから、この美意識を自分でも変えなくてはいけない。近代主義に毒された自分を変えなくちゃ。だから、藤森さんとも付き合うようになったし（笑）。

藤森　その前から付き合っちゃいたけどね（笑）。

　自然と建築の問題を煎じつめて考えると、二十世紀建築は、それまでの伝統的な材料、自然的なものを使わなくなった。それまでの建築と自然を全部否定して壊してできたものなんです。二十世紀の建築家たちを支えたのは科学・技術です。二十世紀は科学・技術を原理にした時代だし、建築にとっては数学がそのまま原理です。だから建築家が数学にしたがって白い建築をつくっていくとき、「二十世紀という時代にふさわしい建築をつくっているんだ」という自信があったんですね。僕は、その自信自体は間違っていないと思っています。だって科学・技術がなければいま生きている人のうち六割くらいは死ぬしかなくなりますからね。

　二十世紀の建築をそうとらえているから、僕は伊東さんや妹島さんの建物にものすごく興味があるし、この先どう進んでいくのだろうと関心を払っています。二十世紀の建築というのは、それこそ人類が立ちあがって新石器時代からずっと十九世紀に至るまでに経験してきた変化と同じくらいのことをわずか百年間でやってのけたんですからね。十九世紀までの人間は、建築をつくるとき、長い時間をかけて、信仰という神様の力を借りてやっていた。ところが、二十世紀に、人類は神様なしで、ゼロから建築をつくった。だから、伊東さんの建築は、僕の目には、とても興味深い実験に映るんです。興味深い実験を見るのも、それについてあれこれ考えるのも好きだけど、でも自分がやることではないと思っています。僕がわざわざ伊東さんみたいなことをしてもしょうがない。僕は、生まれ育つなかで自分の中にたまったものをちゃんと建築にしたい、と思うわけです。

伊東　藤森さんはそこからスタートしたから幸せな人だと僕は思っているんです。僕はといえば、とにかく白い箱をつくることをまずやってしまっているから、そこからどこまで別の視点へいけるかというところで悪あがきをしてるのです。

藤森　だけど、伊東さんのほうが建築家としては正しい道です。僕は、大学を出てからは建築史研究に専念して、そこの難所をパスしてるから。諏訪の守矢家の下《もと》で育ったせいでしょうね。

中沢　狩猟的な、血みどろの縄文の世界で育っていますからね（笑）。伊東さんはもっとソフィスティケイトされた下社の人。出発点が違うものね。

建築に十万年の法をとりもどす

中沢　建築の世界に限らず、今の世界のあちこちで、同じことが起こっていると思うんです。根っこはみな同じ問題で、それが伊東さんが先日おっしゃった抽象性という言葉につながります。

経済がこんなひどいことになってしまった一つの原因はその根本原則にあるんです。今のグローバリズムの原則をざっと整理するとこうなります。

欲望する個人が出発点である。
経済活動の外部性、すなわち自然のことは無視する。
生産は瞬間的に行なわれる。

この原則、ほとんど近代建築の原則と同じです。数学がベースにあって、外部性を除去して、生産プロセスは効率的に瞬間的に行なわれる、という原則です。もっとも建築には「美」という問題が入ってきますから、経済ほどひどい展開はしません。でも同じようなものをつくりだしてしまう。そのベースには数学がある。数学は人間の脳の中だけで行なわれることで、外部性を除去するんです。僕自身、かつては数学をやっていたからわかるんですが、数学ばかりやっているとおかしくなる。外部におこることを全部除去するせいです。

人間が十九世紀から二十世紀にかけて、たった一つの方向に怒濤のように流れていった最大原因がこの原則です。今のグローバル経済みたいなもの、日本人がアメリカ人やイギリス人と同じようにやってていいのか、と僕は思っていますが、これは伊東さんや藤森さんが今の建築に感じている思いと通底していると思いますね。

だから、お二人が建築において挑戦していること、解決方法を探り、別の道を開こうとしているのは、とても普遍的な意味をもっていると思います。この姿勢は、経済や他の分野にも広げていけば、よい動きになると思っていますし、今度僕も伊東塾で講演させていただくときには、この問題からいろんな領域への通路をつくってみようと思っています。「建築家が考えていることは、実はそれは別のジャンルの問題だとこうなるし、もしその建築家のやってる思考方法を経済システムにもってくと、こんなふうな経済システムができていくんじゃないか」というような通路をつくる作業をいっしょにさせていただきたいと思っています。

伊東　それは面白いですね。先日の伊東建築設計事務所四十周年記念のシンポジウム

（本書第三章の2）で語られていたキアスム（交叉）の話もしてくださるんですね。

中沢　そうです。そういえば、伊東さんのつくられたせんだいメディアテーク、あれは基本的にキアスムの構造になっていると思いますね。僕らが自然にまわりの世界と対峙しているときに普通に起こっていることが建築になっている。つまり、具体的に生きている世界は本来キアスムでできているんです。「私が花を見てるんだけど、花も私を見てる」という状況が普通。でも、この考え方はヨーロッパの哲学では認められない。

藤森　認めないんだ。

中沢　認めないですね。「私」と「世界」を分離して、認識している私が出発点である、とするのがヨーロッパの思考方法です。

一方、キアスムの思考方法を強調したのが西田幾多郎たち。「いやいや、日本人はそういうふうには考えてないから」と喝破した。この別の思考方法を西田幾多郎はとりあえず「場所」と呼びました。場所には私と花の両方がいる。こういう場所を最小単位にして世界をロジカルに組み立てていこう、と。

このキアスムの考え方は日本人特有の考え方のように思いますけど、そうではないらしい。人類はこの考え方で十万年くらいやってきたんです。ところがギリシャ人がそれを否定し始めた。私という個が出発点になってそれがまわりの世界を認識していくんだ、という構造になってしまったんです。でも、その前の人類は場所にある世界を認識していた。あと、学校教育を受ける前の子どものものの見方もキアスム的です。だから魔術的な世界観になる。熊はプーさんだし。

藤森　植物と動物と人間が同格になってるし。

中沢　そういう意味で、子どもはまだ人類ですね。だからこの世界には人類と西洋人しかいない（笑）。

近代になって西洋人の頭のいい連中が数学やったり建築やったりして、世界を制覇したんですけど、人類は取り残されました。しかも人類だけが貧乏にさせられちゃった（笑）。僕はこの人類の言葉と思考方法を取り戻したいと願ってるわけです。

藤森　十万年の法を取り戻したいと。

伊東　なんかちょっとレベルの低い話になりますけれど、先日、京大入試で受験生が携帯でカンニングした問題がありましたけど、あの学生は人類だったんじゃないかと（笑）。

中沢　相撲取りなんかも人類です（笑）。

藤森　相撲って、勝ち負けだけじゃないものね。

中沢　勝ち負けとかスポーツとかじゃないでしょ。だって、おっきな山と川と海の戦いですよ、あれは。

藤森　自然現象なんだ！（笑）。それに対し近代的価値観からいろいろ言うなと（笑）。たしかにこのごろは、世の中に人類と西洋人しかいない（笑）。そしてまちがいなく人類はかなり劣勢。

中沢　もう長いこと劣勢ですね。この二百年くらい劣勢に劣勢を重ねています。

藤森　西洋の思想家の中で、この「人類」の問題に関してレヴィ＝ストロースのような人以外にも重要な人はいますか？

中沢　レヴィ＝ストロースほど考え抜いた人はいないですね。オリエンタリズムな人、異国趣味の人はいっぱいいるんです。それからアラビアのロレンス的なヒロイズム。あれは気持ちがいいんで、あのスタンスでやってる人はやっぱりいるんですけど、レヴィ＝ストロースみたいに「私は単にアマゾンの原住民と同じように考えてみただけだ」と言い切れるところまで考え抜いた人はいないと思う。

一方で、柳田國男とか折口信夫は普通に人類です。レヴィ＝ストロースは日本人のことがすごく好きで「文明人なのに未開人だ」と、日本人である僕などに会うとすごく大事にしてくれた。とても気難しい人とみんなから聞かされてたのに、会うと全然そんなことなかったんですよ。それで奥さんに「日本人が好きなお方なんですね」と言うと、「アマゾンのインディオと同じだと思って親しみを感じてるんじゃないの」って言われました(笑)。

藤森 たしかに、自然信仰を喪わなかった日本人って滅びなかった原住民ですよね。なんとか二十世紀を生き延びた原住民。

中沢 そうなんですよ。それで、滅びなかった原住民にも分布度が濃いところと薄いところとあるんだけど、諏訪は濃い。人類系ですね。

4　震災が建築につきつけた問題とは

伊東豊雄＋中沢新一

伊東　中沢さんの二回にわたる講義（本書第四章）を聞いて、深く考えさせられました。

中沢さんの講義に出てきたケネー・モジュールのような要素、キアスム構造のようなものは、僕にとっては少なからずなじみを感じるものでした。というのも、僕もいつもなんとなく、そんなトポロジカルな空間をイメージしているからです。しかし建築は、構造も考えなければいけないし、その背後にある幾何学は科学の領域にあるのでイメージのなかでは自由自在に三次元、四次元の空間を描けるのですが、おおむね科学的論理に従って考えざるを得ません。ここに葛藤があります。

でも、論理ばかりを考えている建築はつまらない、と僕は思っています。どうしたら、建築の芸術的側面あるいは音楽や詩に近い要素を自分の中から引き出してくることができるのだろう、と考えているのですが、なかなか簡単にはいきません。

その理由の一つとして、やはり経済にしろ、あるいは社会の生産体制にしろ、現実的な側面がすべてモダニズムの論理の中で動いているということがあります。これが非常に難しいところです。建築だけではなく、大学教育なども含めて、現代社会の中にあるあらゆる営みがそうなのかもしれません。モダニズムの論理が支配する現代社会の中で、建築を通して何かを実現していくとき、つくりやすさ、効率性が求められますし、ある意味で表層的なルールに従うことも要求されます。そういう要求が山のようにあるなかで、自分がつくる建築のなかに、どのようにしたら心の中にある自然を入れ込むことができるだろうかといつも考えていますし、そこが矛盾を生み出す部分でもあります。解決策は、疑似的なものになっていかざるをえないときもあります。それでも面白いんだ、と開き直ればいいのですが……と、そんなことを感じながら今日はお話をうかがっていました。

足場なく動く空間に触れること

伊東　ところで、中沢さんは若い頃の文章でも最近書かれたものでも、一貫して「運動体」や「流動体」「渦を巻いているもの」「力の乱流体」というイメージを書かれていますよね。

中沢　僕の実感なんです――僕は若いときにチベットに行って仏教の勉強をしました。仏教の勉強とは何か？　それは心の勉強だとチベット人は言いました。自分の心に起こっていることも、他人の心に起こっていることも、同じように外から見るような場所に立つ訓練をします。

その場所はどういう場所かといえば、なんといいますか、足場がない「無」の場所です。足場がなく、止まることがなく、いつも動揺して動いている。そういう場所で、自分の心に浮かびあがること、他の人間が考えることを見る訓練をしました。だから、僕はいつも動いているんです。動いていて止まっている、というようとつとめてます。

最近、僕はマサイ族の靴（ＭＢＴ）というものを履き出しまして、この靴はスイスの人が発明したそうですが、この人は、「今までの靴の思想はみんな間違っている。安定化ということだけを目指してきて、歩くときにもできるだけ安定な状態をつくりだしていこうとするけれども、狩猟するときにはそんなことはしていない」と言うわけです。マサイ族はいつも大地が揺れるように、踵《かかと》をがんとつけては歩いていないそうです。踵を上げたような状態で歩いているから、世界はいつも動いていて、しかも止まっている。そこでバランスを取っていくと、健康な良い姿勢になるらしい。この靴を履くようになってから、自分の心の動きと身体の動きがうまくあうようになって、足場のないところで動いているような気分がしています。

「足場のないところで動く」ことを、僕はずっと自分に課してきました。足場がなく動く空間、実はそれは、無意識そのものに触れていたい、ということなんでしょうね。そういうことに、あるとき気がつきました。

生きた世界を立ち上がらせる

伊東　なるほど、仏教の心と身体のとらえかたは、面白いですね。たしかに、身体はいつも動いているし、それ自体が絶えず更新している流動体ですが、しかしそうでありながらも、やはり形をもっている。そして、中沢さんの場合は、流動状態にある身体をありのままにとらえ、無意識であることを意識化しながら、それを自然に文章にしておられるように思います。つまり、中沢さんの文章が僕にとってとても魅力的に思われるのは、流動状態が伝わってくるからなのです。僕も流動状態には一貫して魅かれ続けているのですが、中沢さんは、本当は言語化できないものを非常に明晰に言語化されているように思えます。

中沢　いやあれはテクニックみたいなもので（笑）。哲学的概念を僕なりにつかみだしているんだと思います。哲学的概念は、じつは合理的な言説ではありません。世界はこういう風にしてできているというビジョンがつかめたら、それをまずイメージで一種の彫刻作品のように削りだしてみる。それからそれを言語に変えていく作業にとりかかります。よく自分の文章は彫刻だと思うことがあります。彫刻のような概念をつくっている。

哲学的概念は、一個一個を取り出してみると、みんな矛盾しています。合理的な整合性を取ることは難しい。でも、彫刻作品という一つの塊《マッス》の中にそれが立ち現れている。たとえばブランクーシの作品を思い浮かべてみましょう。矛盾した彼の思考が、彼の彫刻作品の中にスキッと立ち現れているでしょう。文章もそうでありたいと考えていて、三つくらいの哲学的概念が一つの文章のなかに共存しながら立ち現れるのです。するとそれを読んだ人は、スキッとした世界だなという印象を持つ、そういうふうにしたいと思っています。

ところが、スキッとしていても、そこには矛盾があるわけです。するとたいていの大学の先生などは、それを見ると怒るわけです。「矛盾している！　こんなのはインチキだ！」と言う。確かに、中にある概念の一つ一つを破綻なく論じるのが正しいと思っている先生の頭では、僕の文章には整合性がないと判断してしまうのでしょう。でも、僕の文章は、世界を全体として表現しようとしているし、だから読んでくださる方にも、「なるほど、この世界はこういう風な構造だ」という理解が得られるのだと思います。そしてそれが世界、リアリティのあり方だと思っています。

ニーチェという哲学者から、随分いろいろなことを学びましたが、あの人の哲学の場合でも、彼が創造した概念を一個一個取り出してみると、「悲劇的なもの」とか「永遠回帰」とか、「正確にはそれは何なんだ？」と思えてしまいます。それなのに、全体として組み上げると、「ディオニュソス的なるもの」というものが立ち上がってくる。まるで彫刻作品です。矛盾した概念を組み合わせていくと世界の様相がスキッと見える――そういう意味で、自分の文章は彫刻だと思っています。これは建築にも多少通じるような気がします。

伊東　そういう物事の動かし方を上手くマスターすれば、建築でも魅力的なものができあがるのでしょうか。

中沢　伊東さんはそういうやり方をされているのではないでしょうか？

伊東　僕はそこまで大胆にはなれなくて――もう少し普通にしか……もしかすると、

それが誠実なのではないかと。

中沢　僕は不誠実かなあ（笑）。建築と思考では、ちょっとやり方が違うんでしょうね。思考によってこの世界に知的な理解をもたらすためには、力業で概念的彫刻作品をつくります。何もかも分析できるものを組み上げげただけでは、生きた世界は生まれません。生きた世界を文章の中で、あたかも生きているかのごとく立ち上がらせるには、彫刻的作業が必要です。そうやってできた彫刻は、バラバラに分解することはできません。計算によってできるものではありませんから。できあがったものの部分をある程度分析することはできないわけではありませんが、建築物のように、ナット一つ、ボルト一つといった部品までバラバラにして見ていく、ということはできないものなんです。

「みんなの家」と民家の力

伊東　建築の世界で中沢さんの言われる「彫刻」的なものが実現したとしたら、それはどんなものでしょうか。

中沢　僕は建築について偉そうに語れるほど建築作品を見ていないので、ただの素人の意見として聞いていただきたいのですが、いわゆる近代建築と言われるものよりも、民家のほうが、自分の彫刻作品と似ているものがあるような気がしています。韓国の民家を見たときに、これは僕の理想形だと思ったりするものがありました。単純さ、土や植物素材のストレートな使い方、庇の形の不合理といった細部を眺めていても、「これは僕が理想形としているものだ」と思うものにときどき出会うことがあります。日本の民家を眺めていても「おっ」と驚くようなものを発見するようなことがあります。フランク・ロイド・ライトの建築の中には「こういう建築は理想かもしれない」と思えるものがあるような気がします。

中沢　ル・コルビュジェやミース・ファン・デル・ローエは駄目ですか？

伊東　コルビュジェについては、彼にまつわる神話が大きすぎて、語れるほどにつかめていなくて。

中沢　僕はコルビュジェが好きです。彼の建築の中にはいつも言語化できないようなものが空間化されている気がします。彼は非常にクリアに説明する人ではありますが、言葉にしていない部分に魅力を感じるのですね。コルビュジェの建築を見に行くと、どんなに小さな部分でも、一度も僕は裏切られた感じがしません。

伊東　たぶん僕はまだコルビュジェをしっかりと見ていないのでしょうね。

中沢　コルビュジェはともかくとして、僕もやはり民家は、とくに大震災を経た今、一つの手がかりになると思っています。現代建築と民家がどういう形で結びつくのかということを、これまでになく現実に即して考えるようになりました。被災地につくる「みんなの家」はおそらく民家になりそうです。また、民家を考えるとき、今日中沢さんが話してくださった、人類史のエネルギー革命のお話にもつながっていくように感じているのです。

中沢　まさにそうですね。今ある建築を遡っていくと、約一万年前につくられた「住居」の形に行き着きますが、この住居は「家の中に炉（かまど）をつくる」というエネルギー革命とともに生じたものです。

かまどが意味するものは、ラカンのトーラスと呼ばれるトポロジー（228ページの図）の、真ん中の折れ込んでいる部分です。かまどは色々なものの転換が起こる場所です。自然と人間の文化が交叉する場所であり、動揺する多様体をくっきりした形にしますし、生のものは焼いたものに変わり、無意識なものが現実に目覚めた意識に変わる場所です。

さらに言えば、昔の人はかまどの向こうは死者の世界と考えていましたから、かまどがあることによって、死者の世界が生きた人間の世界に接続されます。そんな場所が各人の家の中につくられるようになったということが、新石器時代の家の本質だと思います。

このことを最もよく示しているのは、前にも書いたことがありますが、シンデレラの物語なんですね。シンデレラとは「灰かぶり少女」という意味、つまり「かまどの少女」という意味です。かまどという転換点に立って、自然と人工を転換する少女の話です。これがたぶん建築の始まりであり、モダニズムより前の家の基本構造だったんじゃないでしょうか。

ところが、かまどの構造がなくなるとモダニズム建築が発展していきます。モダニズムにおいてはユダヤ＝キリスト教的、すなわち一神教的な思考が支配的であるのは言うまでもないと思いますが、ひるがえってモダニズム建築においては、一神教が本来かまどが置かれていた部分を思考で埋めてしまったのではないかという気がしています。

一神教の聖典である旧約聖書によれば、一神教の神と人類の最初の出会いは、ホレブ山の上に燃える火をモーセが見に行ったときに起こります。ところがその火はかまどの火と違って灰を出さないし、天空から降り注ぐ火であり、石板に十戒を切り刻む火です。びっくりするくらい原子力のイメージに近い。

こう考えてくると、僕たちが原子力を乗り越えていく世界を考えるとき、もう一度かまどの思想を蘇らさなければいけないと思います。これは民家というものの思想であり、本質であり、原理だと思います。モダニズムが隠蔽したかまどを蘇らせなければいけないと思うのですが、いかがでしょうか。

伊東　同感です。先ほど「民家がこれからの手がかりになる」と発言したとき、僕もいまの中沢さんのお話とまったく同じことを考えていました。建築について僕がずっとこだわっている、抽象をめぐる問題を考えても、今のお話はつながってきます。

原発はやはり外の世界のものをいきなり生体圏にもち込んだ。僕たちが携わってきたモダニズム建築も、外の自然とは切り離されたものをつくるために、原発が勝手な「想定」をして設計をしたのと同じことをずっとやってきたのだと思います。今の建築をつくるには、ある程度「想定」という行為に頼らざるを得ません。どれだけの地震に耐え得るかということを想定しなければ設計はできない。しかし、「想定したのだからあとは安全だ」と、僕たちはあまりにもあっさりとすべてを片づけてきてしまったのではないか。原発事故においては、そのような科学的思考の問題が露わになったのだと思います。

仮設住宅の貧しさ

伊東　じっさい、津波の被災地へ行くと、家を失った多くの人たちが、かまどのあった世界を懐かしんでいます。僕は今、東北で妹島和世さんたちと一緒に「みんなの家」をつくろうという運動（66～73ページ参照）を起こしています。被災者たちは避難所生活から徐々に仮設住宅に移っていくのですが、仮設住宅がなんとも貧しい発想でつくられている。狭い住宅の中に洗濯機と電子レンジ、冷蔵庫と空調を与えておけば充分だろうというような発想、つまり、物を失った人に対して「また物を与えればいいんだろう」的な発想でつくられているんです。生活の温かみとか、心の豊かさを生み出そうにも生み出せそうにないような空間です。だからどんなに小さくても、たとえ八畳一間でもいいので、被災者のみなさんに暖かくて居心地のいい場所だと感じてもらえる家をつくってみたいと考えました。

そうやって取り組んでいるのが、仙台市の津波被災地にある仮設住宅の近くで建設中の「みんなの家」です（二〇一一年十月二十六日に竣工）。すでに現地にはできるだけ頻繁に通って被災者の方々と話をしているのですが、前回行ったときに、「僕たちに実現できることはもしかしたら十坪くらいの大きさでしかないかもしれませんが、その大きさで何かほしいものはありますか？」と訊ねたんです。すると被災者の方が、「俺は地震の前は八十坪の家に住んでいたけど、今の仮設住宅じゃ、自分のスペースはちょうど十坪くらいなんだよね。ここじゃあ九十五歳の婆さんも一緒に住んでるんだけど……そうだな、もしかまどがあったら、婆さんが元気になる。かまどがだめなら、薪のストーブでもいい。薪ストーブがあったら、軒先に薪が置いてあるからそれをくべて、婆さんが何かつくってくれるからな」というのです。

家を失った人が、そんなことを淡々と話してくれたとき、僕ははっとしました――僕たち建築家はいったい何をデザインしてきたんだろうか、と。僕たちがつくる家は、全面ガラス張りでデザインを凝らしているかもしれないけれど、かまどもないし、ストーブもない――そういうものばかりつくってきた。そんな僕たち建築家が、いったいこの人たち、被災者たちの前でどういう設計ができるのだろうと、深く考えさせられました。

これは簡単に答えの出る問題ではありません。しかし、だからといってそこで立ち止まってしまうと、一歩も先へ動けなくなってしまいます。被災者の人達と会って話を聞いているうちに、普通に暮らしている人たちの思いに立ち返ることが、建築家にとって重要であるだけでなく、建築とは何かに関わる本質的意味をもった取り組みでもあることに思い至りました。とにかく僕は、「みんなの家」について、今まで以上に切実な思いをもって取り組んでいます。

かまどが森と人を救う

中沢　被災地の海岸部は目に見える形で破壊されていますが、実際は水に流されてしまった土地の背後の森林が、すでにこの数十年間荒廃してきたという問題があります。日本の森が荒れているんです。これは日本の大問題です。国土の七割が森林で、その森林部が完全に荒れているのですからね。大量の間伐材が生じているのですが、これをうまく活用する方法が見出されていません。

するとかまどというものが、別の意味をもってきます。たとえば、間伐材をチップにして木材ペレット——原子力発電にも燃料ペレットというものがつくられていましたが——をつくり、燃料にしていく新しいタイプのかまどをつくる、という試みがあってていいのではないでしょうか。じつは僕が以前に大学で教えていたときの学生の一人が、かまどレストランというものを滋賀県で開いていて、人気のお店になっています。ここは体験型レストランで、ユニークなかまどをたくさんつくってあって、そこでお客さんみんなにご飯を炊く体験をさせるんです。それが、人間が料理をして食べるということの意味をあらためてとらえ直すことにつながります。単なる消費ではない、本来の食のあり方に触れることになるんですね。つまり、かまどの意味とは、それを使う人の視点と、そこにくべられるもの——木材、すなわち森林にある植物です——をつないで考えていくことが大事だと思います。

今、老若男女を問わず、日本中のたくさんの人々が被災した東北の姿に心を痛め、ボランティア活動や寄付活動を通して情熱的な支援を注いでいます。その情熱を、ぜひ被災地の背後にある森林の荒廃問題にも広げていってほしい、と強く思います。荒れてしまっている日本の森林からたくさんの間伐材を取り出す必要があります。そうしないと森が復活しません。取り出した間伐材をかまどで燃やすことができれば、森林と日本の日常生活の両方の復活につながっていきます。

そう考えると、かまどというもののもつ意味は、実に広く深いんですね。先ほども言いましたように、家の中に存在している転換点でもありますし、家の外では植物と人間生活との転換点になっているのです。自然エネルギーや再生可能エネルギーというものへの関心も高まっていますが、目先の経済効率で判断して「実用性に劣る」と主張する声があります。でも、それは、自然エネルギー、再生可能エネルギーというものの全体をとらえきれていません。東北の被災地を考えるにしても、背後の山のことまで含めて一緒に考える必要があるし、建築家の方にもぜひそうしてもらいたい、と僕は思いますね。

伊東　そうですね。被災地の街をこれから復興するには、その問題は考えなければいけませんね。どの街も、被災前よりも小さい規模にならざるを得ませんから、暮らし方をもう一度考えなければいけないし、そのときには、暮らす人々が携わる農業の問題や漁業の問題も同時に考えていかなければなりません。

立ち止まってはいけない

中沢　東日本大震災は、建築家にとてつもない難問を突き付けました。

伊東　本当にそうです。

中沢　建築にせよ、日本人の生活にせよ、モダニズム以降の日本社会が見ないふりをして先送りにしてきた問題が、すべて露わになってしまいました。先に触れられた、仮設住宅と呼ばれる臨時の住宅の設計の貧しさという問題もありますね。あんなプレハブでいいのか、と素人が見ても思います。そして、伊東さんをはじめとする建築家の方々がこのことを全面的に自分の問題として受け止めようとしている姿には、僕はとても共感します。

伊東　ようやく受け止めている、というところです。どうしてこういうときに仮設住宅を建築家が設計できないのか？　あるいは街の復興計画をつくるのに建築家がどうして呼ばれないのか？　問題の原因は、建築家自身のこれまでの行ないの中にあるのではないのか？　この問いを自分に突きつけない限り、これから百年経っても二百年経っても建築家は今のままではないか、という危機感を持ちますね。
中沢　こういう問題を考えていくとき、もしかしたら、伊東さんは、建築家としての立場から言いにくいことがあるのかもしれない、と思うことがあります。つまり、建築というのは、何しろ現実空間に建てられなければならなくて、いろいろな条件、縛りがある。僕のやっている概念の彫刻は、思考という、かなり自由な空間のなかで一人で行なう行為ですから、ある意味気楽ですし、材料も、誰もが使っている言葉です。言ってみれば、貧乏くさい作業です（笑）。
伊東　何を言ってるんですか（笑）。
中沢　でも、事実として、建築は関わってくる人も材料も条件も桁外れに多様ですから、本当に難しい作業に取り組んでいらっしゃるんだと思います。
伊東　そうですね――もしも「建たなくてもいい」という前提なら、発想が解放されるのは確かです。とはいえ、実際に建てようとすれば、物理法則には当然のことながら縛られますし、基準や規制、経済といったシステムの中にも否応なく巻き込まれていきます。だから、確かに語りづらいことも山のようにあります。しかし、だからといって、僕たち建築家がこの難しい問題に正面から向き合ってきたかというと、疑問です。問題にきちんと向き合わなかったことが、建築家の問題だと思っています。難しくても向き合わなければいけないのです。

中沢　そういうときに僕は、建築の外の世界にいて、言葉を使う人間でありながら、伊東さんと同じ考え方を共有する立場でお役に立てることがあれば、とてもうれしいと思います。

伊東　ありがとうございます。震災後の今、建築家が直面している問題は、僕自身が今までずっと考え、取り組み続けてきた問題にもつながっていて、問題の大きさと根深さに思わず立ち止まってしまいそうになることもあります。でもだからこそ、歩みを止めてはいけないと思っています。建築というものを、これまで以上に広く深くとらえて考えて、前に進んでいきたいと思います。

第四章　エネルギーと建築の大転換

中沢新一

東日本大震災以降、私は人前で話をしていませんでした。大勢の人の前でお話しするのは震災以来、今日が初めてです。

このところ伊東さんと何回か話をする機会があり、そのたびに未来について語り合ってきました。日本人の文化、思考、日本人がつくる建築は、これからどういう方向に変化していかなければならないかを話し合ってきました。そうした一連の対話の最後の回はこの伊東塾で、藤森照信さんを交えて三人で行ないました（本書第三章の3）。それが実は三月十日、あの東日本大震災の前日でした。震災以降、みなさんもそうだと思いますけれども、自分の中でもいろいろなものが変化して、極度に緊張した日々を送りながら、徹底的にいろいろなことを考えなおす体験をもちました。

大地震と大津波の後に発生した福島第一原発の原発事故のインパクト――そのとてつもなく大きな意味を考えていくうちに、三月十一日以降に起こったことは日本の文明全体にとって大きな転換点になっていくだろうと考えました。今も進行中のこの事態は、これから一年、二年、三年、十年をかけて、大きな変化を日本にもたらすでしょう。これから先、日本人がつくり出さなければいけない世界を、私たちはあらかじめ思い描いていかなければいけません。そしてそれを徹底して、現実的に、そして理論的に描き出していかなければいけないだろう、と思うようになりました。

そうやって書き上げたのが『日本の大転換』という文章です。『すばる』（集英社）で三カ月連載したのち、八月に集英社新書から出版しました。この中で私は、原発の問題を真正面から取り上げました。「建築の大転換」について語るにあたって、この『日本の大転換』でまとめたエネルギーについての考え方をまず説明させてください。

エネルギーの存在論を考える

日本は、建築も含めてすべての側面において、この大震災をきっかけにして大きく転換していかなければいけません。転換の方向をはっきり構造的に見定め、どういう世界に転換していかなければならないのか、それはどのような道筋で行なわれていかなければならないのかを考えなければいけません。私たちの目の前には、重要と思われるさまざまな問題があります。しかし一番重要なもの、つまり人間の世界を支え、それを根底のところで動かしているものは何かというと、エネルギーです。重要なのは、何キロワットの発電力が必要だといった、数で計量できる側面ではなく、エネルギーの存在の構造です。この構造を探求する知性として、私はエネルギーの存在論、すなわちエネルゴロジーというものを考えなければいけないと思いました。

これは建築の転換を考える上でもベースになることなので、『日本の大転換』と重なるところもありますが、少し説明させてください。

火を獲得した第一次エネルギー革命に始まり、囲炉裏《いろり》をつくったり、金属炉をつくったり、火薬をつくったりして、人類は段階的にエネルギー利用方法の転換を遂げてきました。そして一九三〇年代以降、人類は新しいエネルギーのシステムの時代に入りました。これを文明学者は第七次エネルギー革命と呼んでいます。石炭を利用する第五次、石油を利用する第六次エネルギー革命を経て、原子力発電利用へと転換したのです。

原子力発電は、それまで人類が使ってきたエネルギーとは根本的な違いをもったエネルギーです。このことははっきり認識しなければいけません。人間がいつ初めて火を獲得したかということは、人類学でも考古学でもまだ判明していませんが、百万年～数十万年前に、人類が火を獲得しました。火の獲得によって、人間はほかの生物とは少し違う生物体に変容を遂げていきました。火の獲得は文明の発達にとっては非常に重要な意味があったのです。

次に、そしてこの火を囲炉裏や炉にセットするように発達させ、それが人間に家の形態を要求するようになりました。これが第二次エネルギー革命です。それまで人間は長い間洞窟に住んでいたのですが、第二次エネルギー革命の頃から家をつくり、家の真ん中に炉をつくるという形態が始まり、家＝炉を中心に家族が形成されるようになりました。核家族を中心にし、その周りに拡大家族をつくるというその後の人類の家族のあり方は、このころにできた形態です。結婚の形態もだいたい同じ頃につくられてました。そして料理が発達しました。

続いて第三次エネルギー革命では家の炉から冶金の炉が発達し、金属がつくられ、火の工業利用が発達すると、金属の武器が発達し、国家が生まれました。並行して家畜の飼育や風（風車）や水力（水車）が利用されるようになっていきました。

そして、十四世紀から十六世紀にかけて起こったのが、火薬の発明という第四次エネルギー革命でした。化学反応の速度が速められ、燃える火から爆発する火への変化が起こりました。

エネルギーの変遷のなかで決定的な重要性をもっているのは、石炭を燃料として使うことを始めた第五次エネルギー革命でした。十八世紀から十九世紀にかけて起こったこの転換が産業革命を引き起こし、産業革命が今日の資本主義という産業の形を産みだしました。言い換えれば、石炭という燃料なしでは資本主義は発達しえなかったのです。石炭を使ってお湯を沸かし、お湯から蒸気のエネルギーを噴出させて蒸気機関やタービンを回してエネルギーを取り出す方法が、近代資本主義社会、そして今日の私たちの近代生活、モダン生活の基《もと》をつくっています。石炭燃料の利用開始以来、百数十年間をかけて資本主義は発達を遂げ、今日のグローバル資本主義に至りました。

続く第六次エネルギー革命は、エネルギー源としての石油の利用です。これがもたらした最大の変化は、自動車の開発、自動車社会の発展です。その主たる舞台はアメリカでした。産業界においてはアメリカのフォード社の経営構造・産業形態が二十世紀の前半までの資本主義の基本的な形をつくりましたし、自動車社会の到来に道路の建設によって土木業界が発展し、道路の上を自動車が走ることによって運輸が発達しました。石油と自動車と道路が商品の大量かつ高速の輸送を可能にし、今の大量生産・消費社会をつくりだしました。

そして第七次エネルギー革命が一九三〇年代に始まりました。原子力エネルギーの活用です。この変化は急速に推進されました。一九三〇年代中頃に原子核が分裂を起こすと莫大なエネルギーが取り出されることがわかるとすぐに、ドイツ、アメリカ、日本は、この原子核反応を利用した原子爆弾がつくれるのではないかという可能性に目を向けました。第二次世界大戦下では、当然の発想です。各国は多大な軍事費を費やして原爆の開発に取り組みました。しかし日本もドイツも失敗し、アメリカだけが原爆開発に成功しました。原爆をものすごいスピードで完成させた開発組織、「マンハッタン計画」は二十世紀の大プロジェクトの原型をつくりました。月に人間を送り込んだアポロ計画も、マンハッタン計画で培われた人間の科学技術と組織法がもとになりました。

私たちは第七次エネルギー革命が生んだ原子力と、それ以前からの石炭・石油エネルギーをもとにした産業構造を、いわば炉として利用しながら産業社会を稼働させる世界を展開してきました。おそらく三月十一日以後に日本人が見とどけた世界は、この第七次エネルギー革命が開いた世界が挫折を迎えた一つの証として理解するのがよいと思います。その意味を、日本人ははっきり理解することを自分ではためらっています。ところがこれを先に理解したのは、ヨーロッパ人でした。とりわけドイツ人がこの問題をすばやく鋭く理解したのに対して、当の日本人はこのことを理解するのをためらっています。

日本人は三・一一以後の世界を見極めることをなぜためらっているのか？　それは、日本の政官民が一体となって原子力を推進し、大きな勢力を形成してきたからでしょう。この勢力はマスコミの中にも深く浸透しています。大新聞社も電力会社が株主になっていますから、電力会社や電力をつくっている原子力を正面から検証し批判することにためらいがあるのです。しかし、いつまでも目を逸らしているわけにはいかないはずです。

原子力は生体圏外のエネルギー

三・一一を経た今、私たちは第八次エネルギー革命にとりくまなければいけません。これを考えるために、地球上のエネルギー史を簡単に振り返りたいと思います。

地球が誕生して以来ずっと太陽光線が地球に降り注いでいましたが、生命が誕生したのは二十数億年が経ってからのことです。地球上で最初に太陽エネルギーを活用したのは、藻のような植物でした。この植物の誕生から光合成が始まり、太陽エネルギーの受け取りが行なわれるようになり、そして生命の進化が始まりました。人類が生まれたのは、生命進化の歴史の長さに比較すれば、ごく最近のことです。生命誕生から気の遠くなるような時間が経って人類が生まれて、そして人類は補助エネルギーを利用するようになりました。

動物たちは補助エネルギーの利用をしません。彼らは好きな木の実や植物を食べることによって、植物が変換して固定化しておいたエネルギーを自分の体に取り入れて、あるいはそうした植物を食べた動物を食べる形でエネルギーを直接転換し、進化してきました。ところが人類だけが補助エネルギーを使うようになりました。

人間が使い始めた補助エネルギーとは、簡単にいえば火です。つまり、炭素を燃やすという方法です。火の歴史、炭素を燃やす歴史は、人類が火を獲得（第一次エネルギー革命）してから数十万年の間、石炭や石油の利用（第五次エネルギー革命）に至るまで、あるひとつの限界の中で行なわれてきました。つまり、補助エネルギーはつねに原子核の外側を回っている電子の結合から取り出されていたのです。

ところが、一九三〇年代中頃に原子核の核分裂反応を扱う核物理学が発達し、原子核の中にスピードを遅くした中性子をぶつけていくと、重い原子の中に中性子が取り込まれ、中性子が増えすぎることによって核が分裂を起こし始めることがわかりました。さらに、最も重い元素と言われていたウラン２３５は核分裂を容易に起こしてしまうことが発見されます。この発見を契機に、人類は史上初めて原子核の中に手を入れ始めました。

核分裂現象からは、それまで利用されてきた電子の結合や分離から取り出されるエネルギーとは桁違いのエネルギーが取り出されることがわかると、人類はすぐにこれをエネルギー源として用いるようになりました。これがいわゆる核物理学、原子力科学という学問の発達であり、第七次エネルギー革命です。

二十世紀後半になり、第七次エネルギー革命を経て原子力が私たちの世界に多大な影響力を及ぼすようになりました。原爆を世界で最初に開発したアメリカでは、「平和利用」という名目で原子力エネルギーの活用方法を原子力発電の方向に転換していきました。それは原子力発電の企業化であり、それが資本主義の形を変え始めます。原子力エネルギー利用の発達、つまり第七次エネルギー革命のあり方と今の資本主義のあり方は、深い関係をもっています。

　ところで、一九三八年に初めての原子核分裂実験が行なわれるまで、核分裂現象からエネルギーを取り出すということは、地球の生体圏――地球上で生命が存在しうる圏域は地表を覆う大気圏の中の薄い層　ではほとんど行なわれていませんでした。ただ、まったく行なわれていなかったわけではありません。自然状態の中で起こる核分裂現象はわずかながら存在していました。アフリカのオクロという場所にあるウラン鉱床の中で、十七億年前に核分裂現象が自然に行なわれていたことが発見されています。しかし、人為によって行なわれたのは一九三〇年代が初めてです。つまり、核反応――原子核分裂と原子核融合という対になった現象――は生体圏では起こらない現象なのです。

　一方、核反応が絶え間なく起こっている場所があります。それは太陽です。太陽は、宇宙全体から見れば小さな星ですが、地球から比べればはるかに大きな星です。この星は大変大きいので質量も大きい。中心部分は大変な重力がかかっていて、中心部に集まってきたヘリウムを圧縮し水素に変えていく過程が核融合反応によって起こっています。つまり、太陽は核反応によって自身を燃やしながらエネルギーをつくり、このエネルギーを宇宙空間に放射しています。

太陽の中心部で起こる核融合反応によるエネルギー（ガンマ線）は約九年をかけて表面に出てきて、宇宙空間に放射されます。そして、このエネルギーを地球が受け取ります。地球は遠く離れた太陽で絶えず起こっている核反応が生み出したエネルギーで生かされています。

一方、現在でも、地球の内部では核反応が起こっているとも言われていますが、太陽のように絶えず起こっているわけではないようです。たまに起こる反応により発生するエネルギーも核やマントルや地殻《ちかく》に阻まれて、地表に影響が現れることはほとんどありません。私たちの世界、地球上の世界では、核反応という、生体圏の外にあるエネルギーの取り出し方、つまり太陽と地球が一体であるようなエネルギーのあり方は、一九四〇年までは存在していなかったのです。

また、核反応から生み出される太陽エネルギーは地球に降り注いでいますけれども、幸いなことに大変離れていて、私たちの地球が焼き尽くされることはありません。しかも、地表にある大量の水が冷却機能を発揮しており、地球は宇宙空間の中で莫大なエネルギーを受けながらも、ある一定のバランスを保ちながら生命を育むことが可能になるわけです。ところが、核科学の発達によって、地球の生体圏の外の、いわば太陽に属している現象が、生のままで生体圏内に持ち込まれてしまいました。ここが、原子力エネルギーが他のエネルギーと本質的に違うところです。人間は、原子力エネルギーの利用により、史上初めて生体圏の外から、太陽圏に属するエネルギーを直接自分の内部にもちこんで産業を動かすようになったのです。

太陽が降り注ぐ「贈与（ギフト）」

福島第一原発の大災害を体験した日本人がこれから何を行なっていかなければいけないか。このことは、原子力というエネルギーが地球外に由来することによる危険性を考えれば、明らかです。すなわち、原子力依存からの脱却が必要なのです。そのためには、人類の次の段階のエネルギー革命、第八次エネルギー革命の実現が必要です。

第八次エネルギー革命はどういう形になるかもだいたい見えています。かつて、植物が行なった偉大なエネルギー変換——すなわち、太陽が自ら核反応を絶えず行なって地球に降り注いでいるエネルギーを生体圏の中で安全に変換しているやり方——を人類が電子技術的に真似た太陽光発電を追求していくことになるでしょう。

原子力エネルギーの発電効率に執着し、イノベーションを加えれば原子力は安全な技術になると言う人たちがいますが、原子力発電が生体圏に由来しないエネルギーであること、太陽で行なわれている激烈な反応を生体圏内に持ち込んでいることを考えれば、人間によるイノベーションによってこれを安全なものにすることなど、原理的に不可能です。私たちは、植物が行なってきた、ごく自然なエネルギーの取り出し方に再び立ち帰るべきなのです。これを弁証法的にらせん階段を上るようにして着実に展開し、開発していかなければいけません。そのためにこそ、人間はコンピュータと半導体の技術を発達させたのだと私は思います。コンピュータという強力な情報処理能力を手にしたおかげで、植物が行なっているエネルギー変換を模倣することが可能になってきました。この延長線上に、私たちがつくり出していかなければいけない世界の構造が垣間見えているのです。

太陽と植物が生み出すエネルギーのことをもう少し掘り下げて考えてみます。植物は太陽から降り注がれるエネルギーを自分の中で変換します。それも膨大な量のエネルギーを絶え間なく次から次へと変換していきます。都会で生活をしている人には、この感覚はあまりわからないかもしれません。しかし、少しでも田舎の生活を体験した人なら、植物がエネルギーを変換させていく量の、その膨大さに驚きます。何しろ、ほんの数日でも手を抜けば、生活がたちまち植物に覆われてしまうのですから。植物はなぜ、度を過ごして精力的な活動をこなせるのか――それは、そのもととなっている太陽エネルギーの量がはてしなく膨大だからです。植物は太陽エネルギーに向かって葉を広げ、エネルギー変換を行ないながら、地球上を覆っていきます。

実のところ、私たち人間の暮らしは、この植物の圧力との闘いから生まれてきました。たとえば、なぜ都市ができたか？　これは植物との闘いから生まれたわけです。私は今、「圧力」という言葉を使いましたが、これはジョルジュ・バタイユというフランスの思想家が使った表現です。バタイユは、「人類はいつも植物の圧力に圧倒され、今にも飲み尽くされそうな状態と闘っているのだ」と表現しました。この言葉は、地球上に発生したエネルギー変換装置である植物が、太陽の無尽蔵とも言えるエネルギー体を受け取りながら度を過ごした発達を際限なく続けていく能力をもっていることを示しています。

太陽エネルギーは、植物に限らず地球上の生命の世界に全体に降り注いでいます。降り注ぐ太陽のエネルギーを地球上の生命が受け取っている――このエネルギーの受け渡しの形態を「贈与」と名付けよう、とバタイユは言いました。ギフトです。

私たちの世界で行なわれている交換の形は二種類あります。一つは贈与（ギフト）、すなわち見返りを期待せずにほかの人に何かを与える交換です。もう一つは、商品交換のように必ず対価を要求する交換、すなわち等価交換です。現実の世界において、私たちはこの二種類の交換を実行しています。

人間同士のつながりの中で商品交換に類する交換ばかり要求すると、「あいつは嫌なやつだ」と思われてしまうものです。たとえばお金儲けのために周りの人を踏みにじっていく人たちもいますが、そういう人は人間が可能な二種類の交換形態のうち、一種類だけに集中して交換活動を行なっています。不思議なことにこの交換活動は人間関係に距離をつくり出します。

ギフトは違います。ギフトはある意味ではとても不合理で、時には手に負えないものですが、人間が互いの間につながりをつくり出そうとするときには、ギフトが行なわれます。ギフトには贈る人の心と人格が宿っていて、渡された相手に対価を要求することはありません。だからこそ、渡されるときに絆が生まれます。だから、じつは交換される物自体はそれほど重要ではありません。物そのものは重要でなくても、その物の行き来によって人間と人間の間につながりが発生する——これがギフトの特徴です。

ギフトによってつながりをもった人間同士は、孤立しません。自分と相手の間にギフトによってつながりが発生してしまうと、相手の中にあることは自分の中にある、という状態になります。この状態を起こすギフトは「物」でなくても構いません。たとえば、今、目の前にいる聴衆のみなさんのうち九割くらいが私の話す言葉を理解しようとして聞いてくれていると期待していますが、言葉を通じて私の心がみなさんの心に入っていき、それをみなさんが理解して自分のものにしようとするときには、常につながりが発生しています。このときギフトが行なわれています。話すことも聴くこともボランティアですから、贈与が発生しているわけです。言い換えれば、贈与はコミュニケーションを生み出すものです。

これに対して、商品とお金をやりとりするような交換を等価交換と呼びます。交換に際して物と見返りが移動しますが、この場合は、交換する物と交換する相手の間に距離が生まれ、つながりは発生しません。コンビニで商品を買って代金を払う、という例がこれにあたります。コンビニのお姉さんと、いつも心の交流が起こっていたら面倒くさいですよね。コンビニのお姉さんたちはマニュアルに沿って私たちにニッコリと笑いかけてきてくれ、お釣りを渡すときには手に包み込むようにお釣りを渡してくれますが、それが自分に対する好意の表現であるとか、お互いの間に絆をつくり出しましょうという信号であると読み取る人はいないでしょうし、もしそんな人がいたら、それは大間違いですし、とるべき距離を無理矢理縮めようとするわけですからたいへん危険です。ギフトと等価交換は、混同してはいけないのです。

等価交換――これを第一種交換と呼びましょう――をもう少し分析してみましょう。物を買う行為は等価交換であり、これは当然のことながらお金で計算できる。すなわち、数量化できます。つまり足し算ができます。足し算は線形空間というところで行なわれるものです。線形空間という言葉は伊東豊雄さんが建築を語るときに書かれる文章にもよく出てきますが、線形空間は四則計算（足し算、引き算、掛け算、割り算）で表現できますし、その中にある物と物との関係は論理的な関係で把握することができます。この論理的な関係とは、言葉の構造でもあります。言葉とパラレルな構造で物事を配置していく空間が線形空間です。当然、計算可能ですし、大変合理的です。計算とは、合理性の極限の状態ですし、基本的にはクールで素敵なものだと思います。もしもありとあらゆる事が計算で済むのであれば、クールで素敵な世界ができるでしょう。

一方、贈与（ギフト）――これを第二種交換と呼びましょう――では、私とあなたの間に通路をつくり出すための交換が行なわれます。通路とは、私でありあなたであるという見分けがつかなくなる部分が生じることです。どこからどこまでが私で、どこからがあなたかという見分けがつかない状態が生まれます。誰かの話を信じる、というのも贈与の一つです。相手の話を聞いて「この人は真実に近いことを言っているだろう」と思い、その言葉を自分の中に受け入れた瞬間に、この状態が生まれます。私は、その受け入れが可能になるように、うまく話そうと努力しています。サービス業と同じですが、実際サービスとは贈与の一つの形態です。このときの状態は数量化できませんし、論理的でもありません。二者の間にできる空間は、分離できない、非合理的な空間です。

もっとわかりやすい例を出しましょうか。たとえばある女性が婚約者の男性から婚約指輪をもらったとします。婚約者は二十万円でその指輪を買いました。女性は、たとえ値段を聞いていなくても、宝石に詳しかったり、あるいは鑑定に出したりすれば、それが二十万円の指輪だということはわかるでしょう。しかし、二人の間にやりとりされたのは、二十万円という金銭的、つまり数量的価値だけではないはずです。二人の間を行き来しているのは数値（金額）や言葉では表しつくせないものですし、二人の間には分離できない関係が生じていきます。贈与＝第二種交換には、こういう関係を生じさせるという特徴があるのです。この世には数によって計算できるものとできないものがありますが、贈与が行なわれるときには、数えられる部分と数えられない部分が合体されています。

私たちは太陽の贈与経済の中にいる

さて、贈与＝第二種交換と等価交換＝第一種交換に照らしてとらえてみると、植物と太陽の間にあるのは紛れもない贈与です。太陽は見返りを求めていません。当たり前のことですが、この当たり前が非常に重大です。

地球上の生体圏の生命現象を生み出し、生かしているエネルギー源は太陽です。太陽がなければ何も起こりません。私たちの生活、文明も、経済活動も、感情も、もとをたどればすべては太陽エネルギーが地球に降り注ぐこと、そしてそれを植物が変換するプロセスから起こっています。太陽はただただエネルギーを発し続け、植物は放っておけば際限なく繁茂《はんも》していきます。太陽はひたすら光を降り注ぎ、植物はひたすらそれを変換しようと広がっていく。太陽も植物も、自らが生み出すものを受け取る相手に対して、見返りを求めることはありません。つまり、私たちの世界の根底には贈与の構造がセットされているのです。

人類は生物の一種です。生物は生きている限りエネルギー源を獲得しなければなりませんが、生命が発生し、それが生き続ける条件をつくりだしているのは、太陽によるエネルギーの贈与です。命あるものでこの贈与の恩恵から免れている存在はありません。

こうして見てくると、等価交換＝第一種交換というものは、人類という一生物種が発達させた思考構造の中のごく一部である抽象作用によって行なわれている行為に過ぎません。この行為によって商業が営まれ、貨幣が発生し、マネーゲームが行なわれているわけで、生体圏全体を見渡す目でとらえなおしてみると、商業や金融というのは実に不思議な行為に思えるはずです。金融の世界にいてマネーゲームに勤しむ人たち、ウォール街や世界中のそれに類する世界にいる人たちは貨幣の移動だけを絶対的リアリティであるかのようにとらえていますが、彼らですら、すべてを包み込んでいる大きな別種の経済構造、すなわち太陽の贈与経済の中にあるのです。

日本も含め、人間の文明は第一種交換を原理として動いてきました。第一種交換から必然的に貨幣が発生しましたし、この貨幣は抽象物ですから、この抽象物を扱ってゲームを行なうこと（マネーゲーム）が可能になってきます。こうしてグローバル資本主義に至りました。一方、エネルギーを取り出す面においても、本来生体圏の外部にある核エネルギーを核反応という形で取り出す形態に依存してきました。しかし、この両方ともが、生体圏内にある生物である人間が本来あるべき形から外れているのは明らかです。グローバル資本主義のあり方、原子力エネルギーのあり方から撤退し、本来あるべきエネルギーの形態を目指す第八次エネルギー革命が必要です。すなわち、太陽エネルギーと生体圏の当たり前の関係性を利用して、生体圏の内部からエネルギーを取り出していくエネルギー——自然エネルギーとか再生エネルギーと呼ばれていますが——、太陽光、バイオマス、風力、水力、潮力《ちょうりょく》といった発電方法への移行は必然であり当然のことです。また、経済システムがそれに合わせて変動を起こすならば、第一種交換だけに依拠したグローバル資本主義を脱却して、第二種交換である贈与関係を組み込んだ経済システムへ移行していかなければならないことも、また必然であり当然のことなのです。

心はキアスムの構造でできている

この関係をもう少しわかりやすく図で表現してみましょう（次ページの図）。これはトーラス空間といって、第一種交換と第二種交換が人間の頭や心の中でどのようにして起こっているかを表現した図です。滑らかな表面は表側と裏側が分離されていて、しかも真ん中には穴が開いています。つまり、この世界は何かが欠けているということ

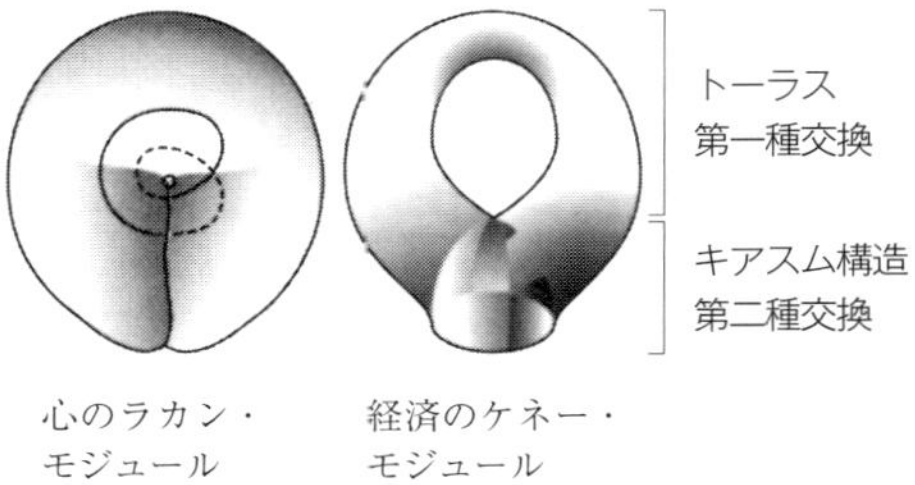

ケネー・モジュールとラカン・モジュール

とを表現します。ありとあらゆるものをお金で計算すると、この計算の中に入り込んでこない世界のエネルギーがあることを表現しています。

実際には、私たちの心の中には第一種交換ではない交換形態がセットされています。それが第二種交換であり、キアスム構造と呼びます。キアスムとは、二十世紀の偉大な哲学者であったメルロ＝ポンティが最晩年に提出した概念です。自己と他者の見分けがつかない、キアスム（交叉）状態をつくりあげてしまう関係――これは私たちが現実の世界を体験しているあり方です。

キアスムの構造は、幼児の精神の中で最も活発に働いています。子どもの心の中では、自分の心で起こっていることと周りの世界で起こっていることがひとつながりになっていますし、周りの世界を自分の心の変化によって変化させることができると思っています。

つまり、魔法がきく世界に生きています。

また、第二種交換＝贈与はキアスムの構造を使って行なわれ、人間と人間の間に心の絆が結ばれていきます。大震災のあと、「絆を取り戻そう」と盛んに言われましたけれども、もう少し正確に言えば、「キアスムの構造を取り戻そう」ということだと思います。この二つの交換の形が、私たちの心の中では一体になって動いています。トーラス状の空間とは、表と裏が完全に分離されています。裏へは行けません。ところが、このキアスムの構造の中では、まるでメビウスの帯のように表と裏がくっついていますから、表と裏、私とあなた、人間と自然が接続してしまいます。人間の心は不思議なもので、この異質な二つの構造をくっつけてしまうことができるのです。

第一種交換により商業経済の形が展開されるのはトーラスの表面上であり、ここは線形空間です。滑らかな空間ですから、計量化を行なったり、計算したり、論理判断を行なったりすることが可能です。一方、キアスム構造の中では、計量化が難しく、論理は非線形になっていきます。トーラス空間の表面では、「私」を中心にして世界を言葉でとらえて組織していく線形論理が働いていたのに、キアスムの構造を通ると「私」の中に「私でないもの」の原理が入り込んできてしまい、「私でないもの」の原理を自分の中に取り込みながら動くしかなくなっていきます。すると論理は必然的に非線形になり、計算が非常に難しくなっていく。第一種交換をしようとしても、必ず「余り」が生じてきて、成立しなくなっていきます。

マルクスの『資本論』でも前提になっていることですが、第一種交換＝等価交換が行なわれるためには、商品というものは、純粋価値で交換されるものでなければいけません。百円の価値しかないものを千円で交換してはいけない。ところが、第二種交換＝贈与ではこれが起こりうるのです。たとえば宗教でよくこれが起こります。神社のお賽銭やお坊さんへのお布施にしても、合理的に価値を計算するなどということはできませんが、人々はお金を渡してつながり（絆）をつくっていきます（そう考えると、小さな多宝塔を百万円で売る霊感商法は、キアスムの構造を利用しすぎている、と言えるかもしれません）。

ところで、贈与というと現代の人は「慈善活動」のようなものを思い浮かべます。たしかに、近代以降の社会は第一種交換に基づく資本主義によってつくられてきましたが、人間の心――その本質は非線形です――を抱えているため、等価交換的な交流だけでは満たされません。だから贈与の要素を補完します。典型的な例として、第一種交換の商品交換の世界で大活躍をして大金持ちになった人が心に満たされないものを抱えて、貧しい人たちに自分のもっているお金を贈与し、慈善（フィランソロピー）という形で均衡を取り戻そうとする、というものです。この行為は大金持ちに限りません。普通の人も「ボランティア」という名目で同じ行動をとることがよくあります。しかし神話の論理では偽善だと考えるわけです。第一種交換を先行させ、第二種交換（贈与）を後追いで補うのは間違っているからです。世界の根源は贈与の側にあり、第一種交換に基づくもの（商品構造のようなもの）はそこから派生してくるものであるから、二つの間にもっと自発的・自動的な循環構造があるはずだし、それを発動させなければならない、と考えるからです。

このように、論理では把握できない非線形的関係が生まれる場がキアスム構造であり、この構造を通じて、人間の心や行動は第一種交換と第二種交換の両方を行なっているのです。

建築は大地を抑圧する

ここまでの話を土台にして、いよいよ「建築の大転換」というテーマに入っていくことができます。

建築もまた人間の営みですから、孤立してとらえるべきではありません。広い意味でエネルギーの現象である経済や、エネルギーの存在論（エネルゴロジー）的現象の中の一つに属しているものです。これから私たち日本人は否応なく第八次エネルギー革命の時代に踏み込んでいくことになるでしょうが、このときエネルゴロジー的な構造が変化します。この構造の変化が建築の世界の中ではどのような変化をつくり出してくるのか——建築の大転換はここから始まります。

しかし、建築の大転換は、東北大震災を機に突然始まったものではありません。たとえば伊東豊雄さんご自身、この問題を建築の現場で考え抜こうとされてきた方です。伊東さんが著書『透層する建築』（青土社、二〇〇〇年）の中で問題にされていたことは、先ほど私がお話ししたことと深いつながりがありますし、建築がこれからどういう方向に変化していかなければならないかということについても、エネルゴロジー的な変化がこれから起こることについても伊東さんはすでに予見しています。伊東さんの予見する構造変化は私のビジョンと非常に近いものですし、私もそのことに以前から気がついていました。伊東さんも、そのことを私に話しておられます。

伊東さんと私の、最初のつながりからお話しさせていただきたいと思います。私は若い頃、『雪片曲線論』という本の中で「建築のエチカ」と題して建築を問う論文を書きました（本書補論）。その頃すでに伊東さんは、建築の中にどうも線形的な思考と非線形的な思考という二つの異質な思考が混在していることに気づかれていて、モダニズム建築の中では線形的な思考方法が主流となっているけれども果たしてそれが建築のすべてを覆っていくのだろうかという疑問を感じていらっしゃったようです。そうした疑問を持つ中で、伊東さんは私の論文に着目してくださったのでした。

この論文では、チベット人が寺院を建築する際に使う理論書の分析を行なっています。その理論書の書き出しには「建築を行なうためには、人間は大変繊細で慎重にならなければいけない」とあります。なぜなら、土地の下には大地の女神であるサ・タクというものが住んでいるからだ、と。そしてそのサ・タクはこのような図で描かれます（次ページの図）。

そう、サ・タクは、ヨーロッパ神話のメデューサに相当する女神であり、女性と蛇が合体した姿で描かれています。地下には頭の上には千匹と表現してもいいくらいの蛇が乗っている女神様が眠っている。その大地の上に人間は建物を建てるのです。

建物を建てるとき、やり方を間違えるとサ・タクは怒り出します。なぜ怒るかというと、サ・タクが棲む大地の空間、つまり自然空間と、人間がその上につくり上げようとする建築の空間は異質なものであり、建物を建てるとはつまり、人間の建築が大地を抑圧する形でつくり上げられるのだから、ぞんざいに行なえば大地の神は怒るのだと考えたからです。そこでチベット人は大地の女神の怒りを防ぐためには行なわな

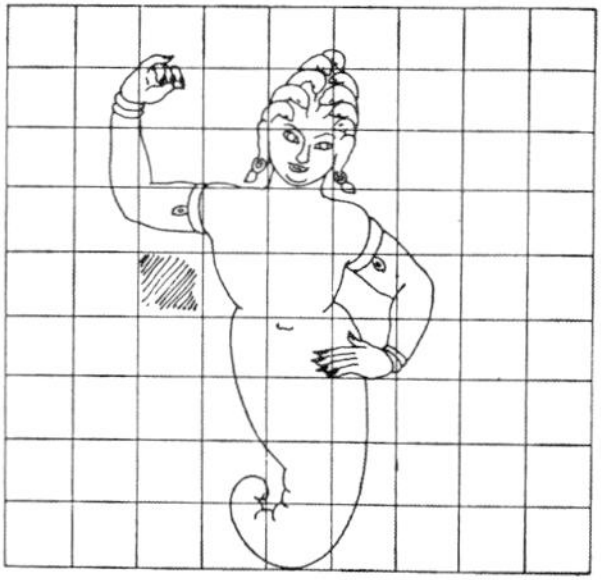

大地の女神サ・タク
（出典：中沢新一『雪片曲線論』中公文庫、1988年）

ければならない儀式の理論書をつくりあげました。チベットのかなり古い理論書ですが、私の論文の中では、その考え方を一通り復元しています。

人間は地面の上に建物をつくります。多少掘り込むこともあるかもしれませんが、基本的には地上につくります。高みを目指す建物もあれば、広さを目指す建物もあります。しかし、それをつくる思考法の原則は、線形空間になっています。ところが、大地の下に棲み、蛇体で描かれるサ・タクは、線形構造をしていません。「あたかも乱流や渦巻きのような」と、私は自分の論文に書きましたけれども、まさに乱流や渦巻きを描いていくような非線形構造をしています。そう、自然とは、本来そういう構造でできているものです。その上に、あたかもそれを抑圧するかのように、三角形や四角形を中心とした建物を組み立てていくのが建築という営みです。つまり、ユークリッド型の平面、線形思考でできた建築物を、非線形の大地の上に据えると、二つの間に衝突が起きる――そういう風にチベット人は考えるのだ、と私は論文に書きました。

伊東さんは、この論文を大変興味深いと思われて、私にそのことを伝えてくれました。私は大変嬉しく思いました。現代の建築界の第一線で活躍されている伊東さんのような方が、こういう考え方に共感してくれた、ということに、嬉しい驚きを感じていました。こういう考え方は、モダニズムを主流とする建築界の中ではまったく問題にされないだろうと私は思っていたのです。でも、伊東さんは私の論文に触発されて、建築という自分の営みの中に、非線形思考を発展させようとされてきました。最新の建築作品に至るまで、この取り組みは伊東さん自身の中で非常に重大な問題として展開されています。

考えてみれば、線形空間が非線形空間――それは必ずキアスムの構造を孕んでいます――を抑圧しているのが建築構造なのだとすれば、これは私たちの心＝無意識の構造とまったく同じジレンマを抱えていることになります。無意識の中ではいろいろなものが入り交じります。「私」と「私以外の外の世界」も入り混じって動きますし、「私」と「あなた」(対象／他者)」も一体になって動きます。だからこそ激しい情動が起こったりもします。さらに、非論理的な結合が当たり前のように起こります。睡眠中に見る荒唐無稽な夢は、無意識の中で起こっている非論理的な結合です。

つまり、私たちの心、無意識の空間は、論理という第一種交換の構造ではなく、第二種交換構造でできているのです。第二種交換構造は合理性の追求、計量化や論理化、空間化を行なう構造でできているのですが、これはまさに建築物のあり方そのものです。

建築は必ず大地の女神を抑圧しようとする。だから女神を怒らせる可能性があります。これを防ぐためには建築を行なう前に必ず大地の女神を慰める儀式を行なわなければなりません。チベット人がこれをどのような形で行なうかというと、贈与を行ないます。つまり、女神にお供物を捧げることによって、自分と女神との間に第二種交換の絆をつくり上げ、怒りを鎮めようとするのです。

不思議なことに、人間は太古からこのことを行なっています。人間が建物をつくるときには、必ず建物をつくる地面の下にいる女神をなだめる儀式を行なうのです。日本でも個人の住宅であろうがゼネコンが建てる超高層ビルであろうが、必ず地鎮祭を行ないます。先日テレビで、福島第一原発の建設のときの地鎮祭の写真を見ましたが、あの神主は、いったい何に向かって儀式を執り行ない、何を鎮めようとしていたのか、私は質問してみたい気持ちにかられました。単に形式的に執り行なっていたのかもしれません。最近の地鎮祭はそういう意識で行なわれている場合のほうが圧倒的に多いのでしょう。しかし、本来の儀式の意味は、地面の下に広がっている非線形空間の上に、これから線形空間を建てるけれど、それが抑圧する構造をつくり出さざるを得ないので、非線形空間の神様に怒らないで欲しいとお願いするため、お供物の贈与を行なっているのです。

自然と敵対しない建築は可能か

私たちの心の中には、線形＝論理的な構造と非線形＝非論理的な構造があり、これが等価交換＝第一種交換（＝線形＝論理的、トーテムの構造）と贈与＝第二種交換（＝非線形＝非論理的、キアスムの構造）のせめぎ合いという矛盾を生み出していますが、チベットの儀式を分析すると、建築の中にもこれと同じ矛盾が潜在していることがわかります。地上部に表れてくる建築物の可視部分はこの第一種交換に相当する線形空間の構造になっているけれど、それを取り囲んでいる地面、周りの空間をつくっていて自然をつくりあげているキアスムの構造とは異質のものであることが語られているのです。

しかし、モダニズム建築はこの矛盾を問いませんでした。地上部にある建築物、線形構造だけを議論し、追求してきたのです。この思考方法と態度は、産業革命以後の資本主義が貨幣経済から発展してグローバル金融資本主義に展開してくる過程をごく当然のこととして発達させたのと、まったく同じでした。つまり、二十世紀建築を推進してきた思考方法と、原発を推進してきた思考方法やグローバル資本主義や金融資本主義を展開してきた思考構造というのは、原理的に同じだったのです。

さて、伊東さんは、この矛盾に疑問を抱かれた数少ない建築家です。そして、非線形の建築が可能かと問い、自然を抑圧しない建築という設問まで立ててます。こういう設問を立てた建築家は、世界的に見ても数少ないと思います。この設問は大変な難問だからです。しかし、私たちはこの設問に答えなければなりません。なぜなら、大震災と原発事故を経た今、第八次エネルギー革命を迫られているからです。日本人は、この変革を実現しなければなりません。そのためには、モダニズムによる第一種交換偏重の構造の変革、エネルゴロジーの変革と同時に、空間の造形や建築の構造についての思考も第八次エネルギー革命に適合したものにつくり変えていく必要があります。そのためには建築の思考を変えていかなければいけません。

すなわち、大地である自然と建築という人工物が敵対しない構造を実現しなければなりませんが、これは可能なのでしょうか？　今までのところ建築家の方々が提出してきた答えは、私が見るところまだ不完全なものに思えます。たとえばモダニズム建築の中に植物を取り込んでみたり、竹で編んだスノコを組み込んでみたり、壁に植物をはわせたりということが行なわれ、これがあたかも自然と人間の矛盾を乗り越えていく建築方法であると考えられています。あるいは、ガラスを多用することによって外界と内界の遮断を最小限にすることにより、内部と外部を一体であるかのような構造をつくることが回答であると思われているのですが、いずれも私には不合格で、まだ答えになっていないと思えます。なぜなら、これらの発想は、まだ第七次エネルギー革命あるいはモダニズムの思考の中で右往左往しているだけで真実の突破口を見出していないと思うからです。それでも、第八次エネルギー革命に適合した建築の構造は現実化すると思っています。そのことをこれから考えたいと思います。

キアスムがつくる建築を思考する

第八次エネルギー革命の建築、自然と人間がキアスムの構造になっている建築を思考実験として考えてみましょう。建築において自然と呼ばれている非線形の潜在空間、すなわち大地と呼ばれるものは、人間の心の中では無意識として存在しているものです。自然＝非線形の潜在空間＝大地＝無意識が自分の力で外側に、あるいは自らの上に何かの構造体をつくり出していく、そういう運動そのものをつくり出すことが、第八次エネルギー革命の建築です。

第五次産業革命以来の長い間、人間は大地の上に形成される線形空間をモダンであるとし、モダニズム的抽象がつくりあげる空間を建築と呼んできました。線形空間をつくる第一種交換の空間構造を大地の上に据えるというやりかたをしていたのです。しかし、これでは必ず矛盾と抗争が発達します。そして人間はこの矛盾と抗争を乗り越えることはできません。これとは異なる建築が可能であるとすれば、それは大地の中にある力がそのまま地上に向かって現れてきて、それが何かの構造体をつくり出していくような建築であり、完成物ではなくて運動そのものが建築であるということになります。これが来たるべき建築の論理になっていく、と私は考えます。

もちろん私は建築家ではありませんから、これがどのように現実化されるかまでは見通すことができません。しかし思想家として、思考の道筋をつけておくのは私の仕事です。ですから、この「運動そのものであるような建築」のモジュールを一つ提示しておきたいと思います。

次ページの下の図は仏塔と呼ばれるもののモジュールを表しています。仏塔は実はこのモジュールが示す思想を表現しています。私たちは、塔を考えるときに、天に向かって高く積み上げられた部分が塔そのものだと勘違いしてしまうのですが、それは

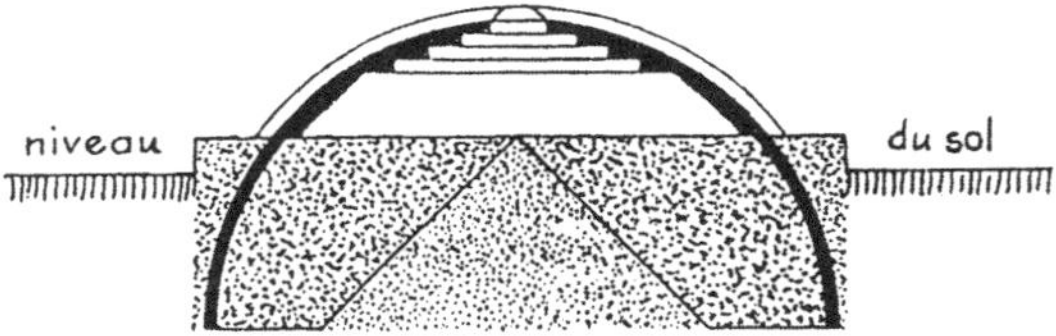

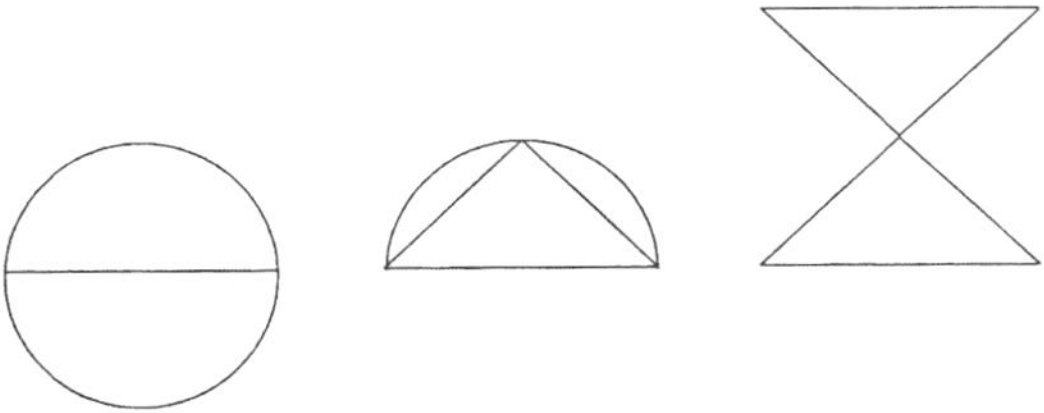

上：ボロブドゥールの仏塔
中：ボロブドゥールの仏塔の構造
下：仏塔のモジュール

誤りです。

塔には二種類あります。一つは大地と天の間にコミュニケーションをつくり出そうとする欲望や思考がつくり出す塔です。これは高みを目指して伸びていきます。東京スカイツリーや東京タワー、エッフェル塔などはそういう塔です。

しかし、もう一つの塔は、それとはまったく異なる塔であり、その一例が仏塔です。仏塔はまったく違う思考方法から生まれています。仏塔はインドの古代神話の考え方から発生しているのですが、この神話の中に潜んでいる思考構造こそが、来たるべき建築の一つのニジュールになるだろうと私は考えています。

仏塔の成り立ちを説明しましょう。インドの神話――『リグ・ヴェーダ讃歌』というとても古い神話です――の中では、これをプラジャパティー、あるいはプルシャと言います。原人とも呼ばれますが、これはチベットで女神として表現されたサ・タクと同じです。「プルシャは千頭・千眼・千足を有す。彼はあらゆる方面より大地を蔽いて、それよりなお十指の高さに聳《そび》え立てり。プルシャは、過去および未来にわたるこの一切（万有）なり。また不死界（神々）を支配す、食物によって成長するもの（生物界、人間）をも。彼の偉大はかくのごとし」（辻直四郎訳、岩波書店、一九七〇年）とありますが、このプルシャが世界の根源であり、プルシャを積み上げていったものが仏塔であるという考え方をします。

プルシャの積み上げから発生する構造をもう少し詳しく見ましょう。「プルシャは四分の三を備えて上方に昇れり」、そして「四分の一はここ（下界）に再び発生せり」と書いてあります。「彼はあらゆる方面に進展せり」――つまりプルシャは千の頭、千の目、千の足を有するような、無限多様体で、しかもこれは非線形構造で動いていくような自然そのものですが、この大地そのものが上空、つまり上に向かって自己展開をしていると言っているのです。「あらゆる方向に展開せり」とは、生物と食せざる無生物に向かって、このプルシャなる存在が自己展開を起こして世界がつくられていく、という意味です。自然そのものが自己展開を起こしていくときに、私たちが目にしているこの世界の秩序がつくり出されるのがこの神話の論理です。仏塔などの塔はこの神話の論理によってつくり出されているのです。

繰り返してきたように、人間の思考方法には第一種交換＝線形空間＝計算性と、第二種交換＝非線形＝非可換＝非計算性の二種類があり、前者は西洋哲学や科学に発展してきましたが、後者は自然と神話の論理の根源にあります。そこにはキアスムの構造があり、それが人類の心の根源となっています。この根源から自発的に展開されてできてくる論理空間――第一種交換がつくる論理空間とは別物です――がつくる塔はすでに存在していますし、これは来たるべき建築の参考になり得るのではないかと考えるのです。

仏塔を生み出す神話の構造をもう少し説明しましょう。まずプルシャの神話に基づいて、プルシャという原人を殺す儀式が行なわれます。『リグ・ヴェーダ讃歌』には「完全に行なわれたる祭祀」とありますが、これは殺害の行為です。なぜこんな残酷なことをするのかというと、上方や外側に向かって自己展開をしていこうとするプルシャの力を解き放つためです。プルシャの力が解放されると世界の原物質が集められて、空を飛ぶもの、森に住むもの、村に飼われる獣が生まれます。馬が生まれます。牛も生まれます。山羊も生まれます。「彼らがプルシャを（切り）分かちたるとき、いくばくの部分に分割したりしや。（…）彼の口はブラーフマナ（バラモン、祭官階級）なりき。両腕はラージャニア（王族・武人階級）となされたり。彼の両腿《もも》はすなわちヴァイシア（庶民階級）なり。両足よりシュードラ（奴婢階級）生じたり。月は意（思考器官）より生じたり。眼より太陽生じたり」とありますが、口からインドラ（雷神）とアグニ（火神）、つまりエネルギー体のすべてが発生したことが語られています。そしてこのダイナミックな構造、目に見えない潜在空間である自然の空間が外側に向かって自己展開してくる全体構造を表現したものが、実はこの仏塔と呼ばれる構造なのです。

具体例として有名なボロブドゥールの仏塔の構造を見てみましょう（241ページの中の図）。地面の下に積み上げられている部分がプルシャの体に相当するものです。ボロブドゥールの仏塔の中には実は、プルシャのピラミッド構造が隠されていて、三角形に向かって上に突き上げていく構造があります。そしてこの三角形の頂点で転換が起こって空間構造になり、私たちが見える世界が展開します。ボロブドゥールの仏塔を見ると階段状にこの世界のあらゆる神々が配置されていますが、これは世界の構造をマンダラで表現したものです。その表面には神様のお姿やこの世界の構造体のあり方が見えますが、仏塔を見るときには、地面の底にある運動そのもの――この仏塔を生み出している力そのもの――を同時に見なければいけないのです。

ボロブドゥールの仏塔の構造を見ると、円の中に線を描いたものが、原型のプルシャの構造です。その真ん中に三角形が生まれ、この三角形が上に突きだして、臼《うす》のような形になっていきます。そしてこの臼のような部分を外側に折り返したものが、実は私たちがマンダラとして見ているものです。

ウケモチノカミがもたらす富

ボロブドゥールの仏塔の成り立ちを説いている『リグ・ヴェーダ讃歌』と同じような神話は世界中にあり、日本神話にもあります。ウケモチノカミ（保食神）と呼ばれる有名な神話で、これは食べ物の神様についての神話です。

ウケモチノカミは別名はオオゲツヒメとも呼ばれ、月の神様だとも言われています。この神話はこのように説いています。

「ウケモチノカミが陸に向かわれると、口から米の飯が出てきた、海に向かわれると口から大小の魚が出てきた、また山に向かわれると、口から毛皮の動物が出てきた、いろいろな食物を揃えて、ツクヨミノミコトをもてなした。ところがミコトは、口から吐き出したものを食べさせようとは何と汚らしいことだと憤慨して、ウケモチノカミを剣で斬り殺してしまった。太陽の神アマテラスは、アマノクマヒトを派遣して様子を見に行かせた。ウケモチノカミは実に已に死れり。死んでいたが、その頭には牛や馬、額の上には粟、眉の上に蚕、眼の中に稗が発生し、腹の中に稲陰部に麦と大豆、小豆が生じていた」

この神話は、東南アジアにも広く分布している原型的神話の一つですが、さきほどの『リグ・ヴェーダ讃歌』と比較して考えてみると、もう少し新しい神話のようです。その理由を説明しましょう。

ウケモチノカミはプルシャにあたります。つまり、あらゆるものを生み出す女神になります。この女神は口や陰部から、つまりあらゆる穴から自分の内部を外に向かって、食物に変えて吐き出しましたが、ツクヨミノミコトは、「口から吐き出したもの、あるいはお尻から出したものを私に食べさせるとはどういうことだ」と怒って殺してしまい、太陽神アマテラスは心配になって見に行かせたとあります。ここで、『リグ・ヴェーダ讃歌』より新しい精神層が発生しているということがわかります。つまりプルシャ＝原初の力＝ウケモチノカミを殺して解放するところは同じなのですが、そこから生み出されたものを「汚いもの」としてツクヨミノミコトが拒絶し、それを太陽神が心配する、という構造が異なっているのです。

私たちの世界にある富の形態——第一種交換で生み出される富ではなく、自然の贈与がもたらす本質的な富です——というものはすべて、内部に隠されていたものが外側に、穴を通じて表れてきます。自然が生み出す富は上の方向を目指し、外側へ自分を展開していこうとする力を内蔵しているからです。のちに仏教では、この運動を「慈悲」と名付けます。慈悲は人間の持つ情緒といった小さなものではなくて、この世界の深いところに内蔵されている、外側に向かって展開していこうとする力そのものなのです。

すると、この世界の構造を説明する神話の中にも、二種類あることがわかってきます。一つは口から吐き出すものを食べさせるのは汚らわしいと考える思考方法、すなわち食物はあらかじめ外側の世界にあるべきものと考えていて、内側から口や肛門を通して吐き出されたものを調理して私たちが食べるのは忌むべきこととする思考方法です。

しかしもう一つの、もっと根源的な神話は違います。見えない空間の中から口や肛門を通して外側に噴出してくる力、それが変態して外側にへばり付いて表れたものが食べ物であり、人間はその食べ物によって養われるという考え方です。前者では自然の根源的力とそれを受け取る側が断ち切られていますが、後者ではつながっています。そして、自然の状態を観察してみれば、後者の思考方法、古い神話的思考のほうが世界の自然なあり方に寄り添っていることがわかります。

神話的思考の建築にはひねりがある

古い神話的思考を表現している建築物を二つご紹介しましょう。

一つめは南米のアマゾン上流に暮らすコギ族と呼ばれる人たちがつくる神殿です。女神の神殿と呼ばれています。女神の子宮を表した建築物で、中では儀式的な性交を行ないます。つまりこの小屋の内部は子宮《マトリックス》の空間であり、ここから外側に向かって発生していこうとする力、受胎した子どもが外側に向かって表れようとする力が動いていることを象徴しています。この小屋で儀式を行なうことで、力そのものが外側に出て子どもが産まれるという自然のプロセスを表現しています。建物自体、竹材をよじって、ちょうどザルを編むときのようにらせん状に編んだような構造になっていて、上部が開いていて、そこに藁《わら》が掛けられています。ですから、天井に穴が開いていています。

コギ族の建物は、縄文時代の建築とよく似ています。たとえば三内《さんない》丸山遺跡で復元されたものの中には、屋根の部分を入り口にしている建物があります。屋根の部分に開口部があり、そこから出入りするのです。イヌイットやシベリアの先住民たちがつくっている家の構造もまったく同じです。じつは縄文時代、家は子宮を表しているものと考えられていました。とりわけ、神話に基づく宗教儀式を行なう建物は、その建物が子宮であることが強く意識されていました。その建物の上部の構造がどうなっていたかは、現物が残っていないので推測するしかないのですが、考古学者の中にも建物の上部は開いていたと推測している人たちがいます。私もこの説に賛成です。コギ族の建物を見ますと、上部が開かれています。建物は、上に向かってひねりを入れて開放されていて、つまり空間がツイストされています。

これと同じ構造体がフィジーの寺院です。二棟の寺院の頂《いただき》に飾りが付けられていますが、この飾りに意味を与えている神話があって、それによればこの建物は母親の母胎を表しています。母親が世界に向かって何かを生み出していく構造が表現されているのです。

この二つの図は、いずれもレヴィ＝ストロースの論文から取られたものです。神話の思考構造がどのようにつくられているかを、ツイスト空間の比喩を使って表しています。空間にひねりを入れている（ツイスト）構造で神話的思考を分析しているのですが、ツイスト空間とは私たちの言葉で言いますとキアスムの構造です。ひねりを加えることによって、内部のものが外部につながって、そして内部が外部に表れてくるという構造をつくりあげる。それが神話の思考構造である――レヴィ＝ストロースはそう語っています。

しかも、コギ族とフィジーの例は、神話の中でも古い神話の構造を表しています。一方、新しい精神層が混在したウケモチノカミの神話についても、レヴィ＝ストロー

コギ族の寺院
（出典：Claude Lévi-Strauss, "Hourglass Configurations." In *The Double Twist: From Ethnography to Morphodynamics*, Pierre Maranda ed., University of Toronto Press, 2001）

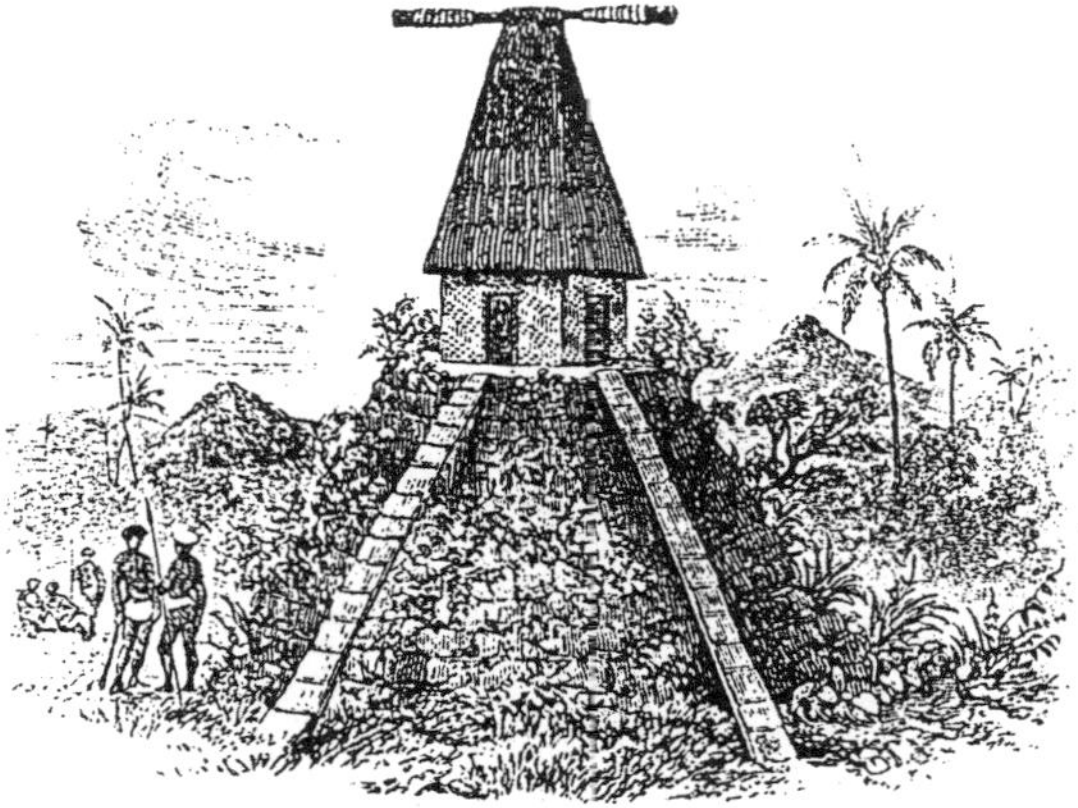

フィジーの寺院
（出典：Claude Lévi-Strauss, "Hourglass Configurations." In *The Double Twist: From Ethnography to Morphodynamics*, Pierre Maranda ed., University of Toronto Press, 2001）

スは分析をしています。それが、伊勢神宮の分析です。

レヴィ＝ストロースはウィリアム・アストンが一九〇五年に書いた『神道』という本を通じて伊勢神宮を知り大変に興味をもっていたのですが、実際に伊勢神宮を訪れたとき大変感動したそうです。なぜなら、アストンが描いていたように、伊勢神宮の建物の上部は開いていたからです。レヴィ＝ストロースは、伊勢神宮の建築構造もツイスター空間だととらえました。「ここにはひねりの空間、神話的な空間のつくり方がある」と言って感動していたのですが、このとき、彼の感動を理解した日本人は一人もいなかったようです。

つまり、神社建築の構想がその背後に神話の思考構造を潜在させていることを日本人は気が付いていなかったのです。伊勢神宮の構造は、じつは非常に古い思考構造を内在させています。伊勢神宮の建築物自体はご神体ではありません。ご神体は何かと言うと、建物の下、地中に埋められている「心御柱《しんのみはしら》」と呼ばれるものです。ボロブドゥールの仏塔の本体であるプルシャと同じように、地中に埋められている棒があるのです。

その棒の実物を見たことがある人がほとんどいません。御遷宮《ごせんぐう》を行なっていますから、神官や宮大工の中には見ている人もいるはずですが、口外してはいけないとされているようです。ですので、中世の記録に描かれた絵を参考にすると、おそらくこんなものなのだろうと考えられます（次ページの上の図）。

実はこの棒は、プルシャと同じく、大地の中の力が上に向かって展開していく力を心御柱として表現しているのです。この上に宝物殿が置かれ、宝物殿が悠紀殿《ゆきでん》、主基殿《すきでん》という御遷宮の対象となる宮になったのですが、この宮という建物は本体でも何でもないのです。重要なのは、あの宮の中に残されてしまった古い神話的思考構造です。神話的思考構造が地下の部分と内側で働いていることは、宮の建築にも表れています。宮のてっぺんの部分は二本の大きな棒が天に向かってそそり立ち、上に向かって開かれている構造になっていて、コギ族の神殿やフィジーの寺院と同じツイスト構造をもっています。つまり伊勢神宮の宮は、内部と外部、自然と人工物を、一つの構造の中に一体化させるために人間の思考がつくりあげた建築物であるということになります。これまで伊勢神宮の建築については、地上に出ている部分の外形的構造ばかりが注目されてきましたが、こうして見てみると、伊勢神宮も私たちの心と同じシステムでできた建築であることがわかります。

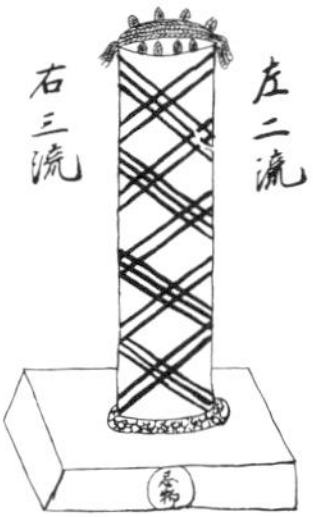

上：飾られた心御柱
（出典：山本ひろ子『中世神話』岩波書店、1998年）
下：伊勢神宮
（出典：Claude Lévi-Strauss, "Hourglass Configuration." In *The Double Twist: From Ethnography to Morphodynamics*, Pierre Maranda ed., University of Toronto Press, 2001）

フィシスの運動そのものを建築に

こうして古い神話的思考の建築のあり方までを見渡してみると、伊東さんの設問は新しい意味をもってくるように思えます。伊東さんは、モダニズム建築に対する疑問から出発し、非線形の自然の上に線形の論理でできた世界が展開してくる抽象空間に対する疑問を発しています。そしてその建築実践の探求の中で、次第にキアスムの構造、すなわち心の構造の原型に近づいてきたのではないでしょうか。言い換えれば、私たちが第八次エネルギー革命以後に来るべきと考えている構造に適合した建築に近づいています。

伊東さんが気づかれているように、モダニズムが隆盛を誇る中で埋葬されてしまっていた一つの思考方法があります。それは線形空間と非線形空間を対立させることなく統一する思考方法であり、自然の側の潜在空間の中に出発点を置いて、自然の内部にあるマトリックス、すなわち子宮が自己展開していく運動そのものをつくりあげていく建築構造をつくり出していく、という思考方法です。人間はこの思考を、宗教建築の形で現実化してきました。しかし私たちはこうした建築から多くを学んできませんでした。それどころか、日本人はそれらが一体何を表現しているのかということにすら、関心を向けなかったのです。しかし、神話学者のレヴィ＝ストロースは、それらにこそ人間の思考方法の秘密があり、これから人間が向かっていかなければいけない、来たるべき世界の思考方法のモジュールが存在していると何度も強調しました。そしてこの思考構造は、建築にも、人間の心にも、経済の構造にも通じていくものだ、と言っていたのです。

第八次エネルギー革命は、これから確実に起こります。すると経済構造が変わり、建築の構造も変わるでしょう。新しい、来たるべき建築思考が生まれざるをえないと思います。現実の建築そのものについては建築家のみなさんが考え、実現されていくと思いますが、私の仕事はその前提となる基本的なラインを先取りしていくことにあります。そして、先取りするための構造がじつは私たちの過去の文化の中に潜んでいます。つまり未来への芽はいったん近代に埋葬されてしまった過去の内にはらまれているのです。

「自然の贈与」を考慮にいれたケネー経済学

ここまで、東日本大震災後、必然として訪れる第八次エネルギー革命が来たるべき建築を導いていくであろうこと、またそのときに目を向けるべきは古い神話的思考に基づいた自然と人間、建築のあり方であることを語ってきました。また、建築が現在突き当たっている壁は、近代社会全体が突き当たっている問題であることにも触れました。ここで、建築が深く関わっている経済に今後もたらされるであろう転換についても述べておきたいと思います。

228ページの右側の図は、フランソワ・ケネーという経済学者が十八世紀に看破した、経済学の原理を示す図です。大変興味深い図なのですが、今の経済学ではまったく無視されています。今の経済学は、ケネーの考え方を完全に無視して進んでいます。しかし私は、ケネーの考えに非常に重要な思考があると考えています。

ケネーはルイ十五世の侍医で、ベルサイユで活動していた経済学者です。彼は当時のフランス経済の立て直しのために、重農主義（フィジオクラシー）と呼ばれる経済理論を考え出しました。

当時の経済理論は今とよく似た状態にあり、重商主義（マーカンティリズム）が中心でした。つまり、国家に流れ込んでくる貨幣の量と国の豊かさは比例するという考えです。当時の貨幣とは、つまり金や銀といった貴金属のことですが、それが国の富をつくるのだという考えが中心的でした。この考えに従って、十八世紀のヨーロッパの支配者（封建君主）たちは、戦争を仕掛け、他の国の富を奪い取ることに情熱を傾けました。地球上の富の総量はおおむね変化しないので、他者から奪い取って自分の物にする方が勝ちだというのが当時の考え方だったのです。

これにケネーは真っ向から反対しました。富というのはそんな行為からは生まれてこない。富とは土地、つまり自然と人間の労働との結合体の中で発生するものである、と主張したのです。貨幣（貴金属）は富の影（ゴースト）のようなもので、影を蓄積したり追いかけたりしても国の富は少しも増えない、という大変大胆な理論を立てたのです。

当時フランスの農業は、イギリスなどの周辺国に比べるとかなり疲弊していました。そこでケネーを中心とするグループはフランス農業の復興を目指しました。実は、フランス革命も、この運動の中から発生しました。

ケネーの経済理論はとてもユニークです。富とは、太陽と大地によって起こる増殖作用から生じるものである——つまり、簡単に言えば、種を蒔《ま》いて小麦が実る、それこそが富だ、と考えたのです。もう少し細かく説明しましょう。種が土に蒔かれ、土中のリン酸や窒素などの養分と水分を吸収して発芽し、成長していく。そして葉が出ると、太陽からのエネルギーを受け取って光合成によって自分の中で養分に転換し、それを実、そして種の形にして蓄積していきます。人間はその小麦（実と種）を収穫し、それを食べる。すると小麦が変換してくれた太陽エネルギーが人間の体の中に取り入れられて、人間は生きていくエネルギーを得る。つまり動物が生きるということは根本的に、植物が光合成から変換したエネルギーを取り入れることに全面的に依っているのだ、と見抜いたわけです。

さらに、このプロセスにおいて基底部で増殖が起こっていることをケネーは発見しました。これこそが植物によるエネルギー変換の特徴です。小麦の種を三粒蒔くと、そこから何百粒もの種が取れる、つまり増殖作用が起こっています。

なぜこのような増殖作用が起こるのかというと、太陽がひたすら植物にエネルギーを与え続けているからです。

人間が農業という労働を通じてこのプロセスに働きかける——小麦についてくる病原菌を取り除いたり、土壌を改良したりするなど、小麦がより育ちやすい条件を整える——と、この増殖の過程を完全にコントロールしながら維持していくことができる。これが農業という営みであると見抜いたケネーは、これを基礎として規模の大きい経済学を考えたのでした。

私は、ケネーの経済学を今「規模の大きい」経済学、と言いました。なぜなら太陽のことまで含めて、太陽と地球の関係を念頭に置いて展開している経済学だからです。

しかし、農業とは、人間が労働で自然に働きかけ、増殖を安定的に推進しようとする営みであるがために、自然状態――自然の中で植物が生育し枯れていくプロセス――にはなかった要素が入り込んできますから、ある種の矛盾や変化が発生してきます。

ケネーの経済学では、経済のシステムは二つの層でつくられていると考えます。一つは228ページの図の下の部分にあるように、第二種交換であり、ここでは贈与が行なわれています。「純粋な自然の贈与」と彼の弟子たちは名付けましたけれども、太陽エネルギーによって変換、増殖が起こるプロセスを自然が行なう贈与ととらえました。農業は、人間と自然が協働し、キアスム（交叉）的働きかけを行なうことによって増殖が起こるプロセスであるととらえることができます。これが生産です。人間は生産物を交換します。これが商業です。商業によって交換されたものを使って、工業が変形活動を行ないます。この変形活動を行ないながら、全体の経済はフローしていく――これがケネーのとらえた経済の姿でした。

228ページの図に即して見てみましょう。ケネー経済学の構造も、二つの構造の組み合わせでできています。一つはジャック・ラカンのモジュールという、女性の股のように見える部分にあたる、生産が生じる部分です。この生産が生じる部分はいちばん下の部分に置かれていますので、生産を自然と人間の交換関係に置いているということがわかると思います。人間の労働が自然に働きかけるプロセス（農業）によって贈与的な交換が発生するということが、下の部分にセットされているのです。この基礎があるからこそ、その上で交換が起こり、交換の中から貨幣が出てきて、貨幣経済が発展することになります。

ケネーはこれを「フィジオクラシー・モジュール」と呼び、フィジオクラシーは日本語では重農主義と訳されました。なかなかいい翻訳であるとも言えるし、誤訳でもあるような訳です。なぜなら「フィジオ」とは「自然」を意味し、クラシーというのは「管理」を意味するのですから、このモジュールは人間と自然の共同管理によって自然から富をつくりだすシステムをとらえているのであって、「農業に重きを置いている」わけではないからです。人間と自然が協働して行なう生産をベースにしている、という点が、ケネー経済学の要諦です。

女性的なるものでモダニズムを乗り越える

ところが、今の経済学ではこの下の部分を切り落とし、無視します。人間と自然の贈与的交換やつながりによって根本的な富が発生しているのだ、という基礎の部分を切ってしまうのです。そう考える人々にとって、自然とは単に資源をもたらしてくれる存在でしかありません。経済システムの外部にある——と今の経済学者たちは言います。「資源は経済システムにとって外生的なものであり、これを経済の中に取り入れて生産を行なう」という言い方をします。ケネーの経済モジュールの下部はすべてカットされてしまいます。

ラカンの言い方を借りると、これは「女性的な部分がカットされている」ということになるでしょう。つまり、この世の経済的な生産、流通のプロセスの全体は、ラカン風に言えば、女性的な生産原理であるところの無意識の過程と、交換をつくりだす男性的な合理的な原理との結合体でできているはずなのに、ケネー以外の近代以降の経済学者たちは女性的な部分を全部カットしてしまうわけです。

ケネー以外の、と今言いましたが、じつは女性的な部分のカットに少しばかり抵抗を示した経済学者が一人います。それがカール・マルクスです。抵抗を示しましたけれども、彼もそれを完全に覆すには至りませんでした。マルクスの問いはこうです——ケネーは農業社会では（太陽に端を発する自然の贈与により）富はひたすら増えていくということを明らかにしたが、ならば工業社会の富はどうやって増えていくのだろうか。この問いを発したマルクスは、人間という存在の中にある自然の部分を——マルクスの言い方をすれば——「搾取」することによって富を増殖させているのが工業社会であり資本主義だと考えたのです。

ある意味では、マルクスは今の経済学とフィジオクラシーの経済学のちょうど中間的なことを言おうとしていたのです。マルクスもやはり、モダン（近代）の考え方を批判しようとしていました。つまり、世界全体というシステムの下部にある女性的な部分を全部カットしてしまって、自然のプロセスをシステムの外側に置き、そこからただ資源だけを取り出して利用すればいい、とする考え方がモダンな経済学の考え方でありモダンな社会の基礎をつくっている、と批判したわけです。私の考えでは、マルクスのこの批判はもっと進められなければいけないと思います。そしてもっと先まで進めていくと、ケネーのような考え方まで至るのではないかと思っています。

経済全体のシステムが自然を内部として取り込んでいかなければなりません。自然とは私たちの体であり無意識であると同時に、太陽と地球の関係でもあります。この関係を重く受け止めた上で、植物が行なっているエネルギー変換のプロセス全体を生かしていくことが、経済システムにおいてもエネルギーのシステムにおいても思考においても行き詰まったモダニズム、近代人にとって、次の時代を開く鍵になると思います。もちろんモダニズムの考え方が人間を本当に豊かにしていくのならそれは結構なことだと思いますが、どうもそうではないらしいことは十九世紀から予見されていました。女性的な働きを抑圧して合理的な世界をつくっていくことが、人間の心に大きなダメージをつくっていくということを、精神分析を通して見抜いたのがラカンでしたが、経済学ではケネーやマルクスが、自然――本質的に女性的なるモノです――との結びつき、キアスム的な結合を切り離して合理的・抑圧的システムを資本主義が完成していこうとするとき、人間も人間社会も地球も破壊されてしまうのだ、と見抜いていたのです。

抽象的思考＝合理性に基づく近代建築に問いを投げ続けるという、伊東さんの建築における大きなテーマを考えるとき、ケネーの考え方はきっと役立つのではないかと私は思っています。モダニズムをどう乗り越えたり処理したりしていくことができるだろうかと考えるとき、このモジュールをいつも頭に置いておくと間違った思考には至らない、と思います。

長いスパンで建築を考えるために

建築は不可避的に反自然になってしまうのか、という問題にとりくんだ伊東さんはその答えを探るきっかけとして、私がかつて書いた「建築のエチカ」の、チベットの建築の思想に着目してくださいました。そして今回私は、コギ族の小屋やボロブドゥールの遺跡や縄文人の住居の話をしました。そうした建築はどれも、ラカンのモジュールやケネーのモジュールがそのまま空間になったものです。どれもひねりを入れた構造、ツイスター、あるいはキアスム構造が表れています。無意識の領域から意識の領域がつくられていく心の構造そのままを、素直に表した構造体になっているのです。

近代建築では失われてしまった構造が、宗教建築ではしっかりと息づいていたのはなぜか——それは効率や機能を重視しないからです。宗教は効率を重視しません。役に立たなくて結構、なのです。役に立たないどころか、びっくりするような構造のほうがいい——今でも新興宗教などの建物を見るとすごいデザインのものがありますけど、それも宗教の一側面を表しています。寺院建築の特徴は、この役に立たない、無意識構造に近いものをそのままの形で造形できるという特権をもっています。芸術領域に近いし、だからこそ、モダニズム建築の問題を考えるとき、対照的な対象として大きな意味を持ってきます。

トーラス構造とキアスム構造を描いたこの図に即して、もう少し三・一一後の日本社会のことを考えてみましょう。第一種交換は国家、キアスム構造をもった第二種交換は、地域・地方と見ることもできると思います。第一種交換構造になってしまった今の日本の国家構造は、経済界や官僚の世界と容易に結びつくことができます。一方で、地方に暮らす人たちの生き方は、実際の地形や歴史や、あるいはそこに住んでいるほかの人たちと結びついた共同性によってつくられてきますから、第二種交換＝贈与に基づいていてキアスムの構造になってきます。第一種交換構造に駆り立てられた国家は、自然の贈与に従ってゆるやかに動いている地方あるいは地域の生活を従属させ、無視することさえしばしばだというのが、近代以降の日本の状態です。

ところが、この三・一一のできごとをきっかけとして日本人の意識の中に大きな変化が生じ、地域・地方というものの重要性に再び目を向ける、という姿勢が見えはじめました。東北地方が築き上げてきた生存のあり方を、震災をきっかけに目の当たりにすることによって、国のあり方の問題をつきつけられた、とも言えます。第一種交換によって突き動かされてきた国の機能、経済界の効率性の要求——原子力発電はその最たる物の一つでしょう——に従っているだけでは、私たちの世界は決して豊かにならないことを、三・一一によって私たちは思い知らされました。経済学者がはじき出すGNPの数字などがどれほど伸びても、それが直接的に私たちの幸福に結びついたりしないことが、はっきり見えてきました。これは、三・一一以後の日本人の意識の基礎になっていくと思います。

こうした状況において、ぜひ建築家の方々に申し上げたいことがあります。それはなにとぞもっと長いスパンで思考していただきたい、ということです。以前、この伊東塾で伊東さんと建築史家の藤森照信さんとお話ししたとき（本書第三章の3）にも、このことは話題になりました。藤森さんも建築を二万年から三万年のスパンでみようとしている人であり、いわゆる建築ジャーナリストや建築家が十年スパンで変化を捉えている思考方法に疑問を呈していました。まったく同感です。じっさい、建築家の方々の文章を読みますと、震災後に書かれたものであっても、だいたい十年スパンで物事をとらえているように見受けます。確かに、建築物の寿命を考えると、そういう思考になるのかもしれません。でも、人間の心や知性は数万年単位のスパンで動いているのです。十数万年前に形成された心の構造、ラカンのモジュールが表している構造は、それ以来まったく変わっていないのです。新石器時代（縄文時代）の人々が日本列島上で語っていた言葉と私たち現代日本人の話す言語は同じではありませんが、しかし構造は同じなのです。それは心の構造の部分がまったく変わっていないからです。

このスパンはさらに大きく広げて考えることができます。地球と太陽の関係、生物と地球まで、十億年の単位まで拡張して考えてみてください。あるいは、農業の開始以来の産業の変化をとらえるなら、四～五千年の単位で考える必要があります。人間中心の視点で物事を考えると、どうしても自分の人生以上の長さで物事をとらえられなくなってしまいますが、人間というものを、モダニズムが中心に据える個人ではなく、自然からの贈与を受けて存在してきた人類という生物種としてとらえるとき、数十年単位では何も考えることができません。建築も、長い遠い目で見ていく必要があると思います。そこに、三・一一後の日本の建築が実現しなければならない大転換の鍵があると思っています。

補論　建築のエチカ

中沢新一

チベットの高原地帯にある仏教寺院の多くは、荒れはてた山を背にした月世界のような土地に建っている。人っ子ひとり見かけないような荒野を何日も旅してきた人たちは、遠くの方から寺院の姿を見つけて、やっと人間の営みのあるところにたどりついたことを感じてほっと胸をなでおろしたはずだ。けっして人をしっかりと抱擁したりしない抽象画のような風土のなかで、確かに寺院は自然から切り離された人間の営みをくっきりとしめしているように思われる。けれど、チベット人の考えた建築思想では、そんなふうに、自然に対して人間の営みを誇らしげにしめしたりすることは、あまり感心したことではないとされている。

それには、おおまかに言ってふたつの理由がある。ひとつの理由は「風水思想」（地形や方位の吉凶を占う思想）につながりがある。この自然哲学にしたがえば、寺院はそれが建てられる大地の空間性においても、天文学（占星学）的な時間性においても、自然からできるかぎり祝福されていなければならないのである。彼らは自然のなかにおかれる寺院という建築が、人間の作るものとしてどうしても自然に同化しきれない部分を持ってしまう運命にあることを知って、だから人間の精神の作り出すものは自然のプロセスが産み出すものより優れているのだ、とその優位を誇ったりするのではなく、可能なかぎり自然から祝福されたものであろうとした。アジアの「風水思想」はチベット高原の抽象世界にも深く浸透していたのである。

もうひとつの理由は仏教思想と関係がある。もっと正確に言うと、仏教のなかでもとりわけ密教がねばり強く探査をつづけてきた意識の本性についての思想と関係がある。どんな建築物でも、人間の意識の活動が作り出したものである以上、自然のプロセスには還元できない質を備えている。しかし、そうやって建築物を構想しているときに働いているような意識だけで、意識の本性を捉え尽くすことはできない、と密教は考えるわけである。そうなると、意識活動が作りあげたものは、土や、水や、火や、風などからなる外側の自然に対して異和的なものをかかえ込んでいるばかりではなく、「意識の自然」とでも呼ぶべきものに対しても異和的だということになる。建築物をいたずらに誇ることとは、この考えによれば、自然に対して失礼であるばかりではなく、「意識の自然、意識の本性」までも見えなくさせるワナにはまり込むことになりはしないか。密教はこういう考え方を、その建築思想や実際の図像表現をとおして深化させようとしてきたのである。

さて、具体的な話にもどろう。どんな土地を選んで寺院を建てたらいいのか、そのときどんなことに注意し、どんな儀礼の手続きを踏めばいいのかということに関して、チベット人はたくさんの文書を残している。ニンマ派の伝えている『リンチェン・テルズゥ（埋蔵経典）』という密教の百科全書のような全集などを見ると、そういうやり方が地方ごとの伝統によって、あるいはラマの教えの系譜ごとに少しずつ違っていることがわかるけれど、たとえば、ある本のなかにはこんな風に書いてある。

寺院（ツクラカン）を建てるにふさわしい土地は次のような特徴を持っているのが望ましい。背後に高い山がそびえ、前にはいくつもの小さな丘があり、左右から流れてきた川がその前方でひとつになるような土地、中央には穀物の山がいくつもできているような岩と草地が広がった、なだらかな峡谷となって開けた土地がよい。「大地の四本の柱」と呼ばれる吉相もほしい。すなわち東に広大な大地が開け、南には小高い山、西にはこんもり丸く盛りあがった丘、そして北にはひだをなすカーテンのような山がそびえているのがよい。また四方を守護する次のようなものたちが必要である。東方には白っぽい道か岩、これは虎を象徴する。ただしこの方角に山峡をえぐる険しい谷があってはならない。南方にある川には青竜を象徴する緑地、ただしこの川の水が洞窟に滝のように注いでいる場合は、さけたほうがいい。西方には赤鳥を表わす赤土や岩があるが、ここの道につき出たこぶや大きな穴などがあってはならない。北方にあるギザギザのある岩は亀を象徴している。この方角の水源の水がゴボゴボとあわ立っていたり濁っていたりするのはよくない。これら四つの守護者のそろった土地ならば、まず完璧と言っていい。

（トゥプテン・レクシェ・ギャッツォ『僧院の扉を開く』一九七九年、カトマンズ）

寺を建てることは、寄進者やその土地の人々にとって重大なことなので、土地の選定に際しては細心の注意が必要となる（もっとも、いつもここに書かれているような理想的な土地が見つかるとは限らないので、そういうときは丘を山と見立てるぐらいの柔軟さも才覚の一部ではあるけれど）。こうして選ばれた土地のどこに実際の寺を建てるかは、もっとも自由な状態にある必然性とでも言うべき「偶然」の手にゆだねられている。つまりその場所は力のあるラマがサイコロを振り、ペルデン・ラモ（吉祥天女）の神意にうかがいをたてながら決定されるのだ。そして同じようにして、ラマが複雑な占星学的計算によって、建立開始にふさわしい日時を選び出し、密教のやり方にならって、地鎮の儀礼を行なう。このようにして、大地の形相や地磁気、太陽との位置関係、天体の運行などのすべてが「よし」と認めた時と空間の凝集したまさにその一点で、気持よく自然の祝福するさなか、寺院の建築が始まるのだ。

どんな建物であっても、およそ人間の作る建造物は、自然とは完全になじみ切ることのできない異質性を持っている。けれど「風水思想」に貫かれたアジアの建築思想では、自然を建築物によって制圧し尽くしてしまうような発想は好まれなかったのである。建物を建てるために無神経に森や土地を切りくずし、均質に地ならしをして、自然を圧倒し、抑圧してしまうのではなく、自然の方が精妙な必然性を持って選び出した大地を借りて（もちろん、そういう自然の声を聴き取るためには人間の方にもある種の能力が必要だけれど）、さまざまな好ましい諸力が結集した時空で建築を行なわなければならない、と考えられたわけだ。ここには人間の精神活動も自然のプロセスの一部であるとする考え方が反映されている。建物は人間の精神が作り出す。しかしこの精神活動は、植物が生長したり動物が繁殖をくりかえしているような自然のプロセスの一部として、そのなかに包摂されているものだ。この点では、鳥や獣たちの作る巣と、人間の作る家は本質的な区別を持たないことになる。だから建築のような事業を、人間のひとり勝手で強引に進めることはできない。それが成就するためには、自然の諸力がもっとも好ましい状態で動いている、時空の「経路」にうまく乗ることのできるような条件を整えてやらなければならない。

けれど、そうは言ってみたものの、「風水思想」には自分が不安の産物でもある、ということもわかっている。人間は、巻貝の美しさや蜂の巣の見事さにほれぼれとはするものの、自分の家や寺院や教会の建築において、そういう「自然の建築手法」をそっくり模倣しようとは思わない。人間の建築手法は、自然のプロセスが行なうそれとは異質の幾何学的秩序にしたがっている。人間の建築にはユークリッド幾何学の理想が反映されているのに、自然の建築にはそれとは異質の膚ざわりを持った幾何学を見出すことができるからだ。つまり、人間の精神活動の産み出すものは、自然のプロセスの一部でありながら、どうしてもそれに還元できない異質性を、ぬぐいさることができない。だから、ひょっとするとそういうものを大地の上に建てることは、自然のごきげんを損じることになるかも知れない。そこで「風水思想」は、小川にダムを造るビーバーや放射状に糸の巣を紡いでいくクモのような大胆さを持ち得ずに、必要以上に自然を示すさまざまな「徴し《シーニュ》」に対して神経質になっているのである。「風水思想」を作りあげてきたのは人間の繊細さだ。この繊細さはしかし、のびやかな直観力と不安の神経を同居させている。寺院をめぐるチベット人の建築思想にはそのことが実にヴィヴィッドなかたちでしめされている。それというのも、寺院があらゆる建築物の原型として、建築のはらむパラドックスを凝縮した存在であるからだ。

チベット人は、大地には「地神（サ・タク）」が住んでいると考えている。「地神」

は毛髪と下半身が蛇で、上半身と顔の美しい少女の神である。「地神」は母親の抱擁力と少女の気まぐれをあわせ持っている。ふだんは人間の営みを優しくはぐくんでくれているのに、いったん怒りだしたら最後、つぎつぎと凶事をふりまく、手のつけられない存在となる。人間の営みはすべてこの「地神」の上で行なわれるわけだから、家や寺院を建てるときとか、なにかの宗教儀礼を行なうときばかりではなく、日常生活の場面でもこの「地神」を尊重し、ごきげんをそこねないようにしていなければならない。とくに寺院建築のときには、この「地神」に気をつける必要がある。今では仏教の守護神として外敵に警戒の眼を光らす神になったとは言え、この気まぐれな少女神がいつプイッとそっぽをむいてしまうか、ラマ僧でさえ確信のあることは言えなかったからである。

頭上には渦を巻くおびただしい蛇の毛髪をいただき、下半身にはウロコをおびた蛇の身体が妖しくくねっている「地神」には、自然のプロセスのはらむ流動性や多様性が表現されている。自然はいつもうねるような渦巻状のスピンによって生成され、どんなものにもけっしてくみつくすことのできない無限の多様性が潜んでいる。「地神」の姿は、自然に対するそう言う観念を、具体的な動物のイメージをとおして表現しようとしているのだ。このような「地神」が母親的な女性の身体で表現されることはよくわかるとしても、同時に少女でもあるという点は、どう考えたらよいのだろうか。ここには、自然のプロセスが人間の象徴的な秩序に対していつも異和的で、けっしてその秩序のなかにおさまりきらない不安定や過剰をかかえていることの、直観的な表現を読み取ることができそうだ。自然は確かにサイクリックな変化を行なっている。けれどそのディテールになると、まるで人間の期待どおりには進行しない、局所的なカオスをはらんでいるのだ。そのため、いくら人間が儀礼を行なって想像の力を自然にむかって投射し、自然が人間の想像する象徴の秩序どおりに運行してくれることを願ったところで、気まぐれな自然はカタストロフの突風で、いつもそんな期待を裏切ってくれる。その気まぐれ、その不安定、その不毛が、「地神」に少女の属性をも与えることになっている。人間はこういう「地神」の上に、直線を引き、矩形の分割によって地ならしをしようとしているのである。つまり、実際の地ならしが始まる前に、精神のなかではすでに、流動性をはらんだ「地神」の多様体の身体を、直線を引いたり、その上にユークリッド的図形が描けるような「平面」に開くトポロジー的な変形が完了していなければならないことになる。だから地鎮祭は「地神」のごきげんをとり結ぶコミュニケーションの儀礼であるとともに、そのようなトポロジー変形を精神のなかで先取りする、去勢のための儀礼でもあるわけだ。

チベット人の建築思想において、蛇であり女性である「地神」の身体をユークリッド的平面に開くこのトポロジー変形をもっとも印象的に表現しているのが、実は自然数の取りあつかいである。チベット人は彼らの「数論」をとおして、建築という行為のはらむパラドックスを表現しようとした。彼らは建築の基本は自然数であると言うのだ。カトマンズに住むラマ僧アムチ・クンサンの書いたパンフレットにはこんなふうに語られている。

チベットでもっともよく用いられる分類原理は、四という自然数と四角形に基づいている。人間関係の分類も柱の数の比喩を使って表現される。そこでたとえば、あるラマ僧に何人もの弟子がいるとすると、高弟たちは四本柱に、それにつづく大梁に喩えられる八人の弟子、以下十六本の梁、三十二本の小梁……というふうに呼ばれる。

もっとも簡素な構造を持つ寺院は、このように自然数四とその倍数を基本にして建てられる。もうひとつのポピュラーな建築原理は自然数六とその倍数（これはポトクモトク様式と呼ばれている）に基づき、またそれほど数は多くないが、もっと大きな寺になると二列に並んだ十本の柱を基本にして設計されるのである。いずれの場合でも、寺院はある基本的な自然数を選び出し、それをもとにして門の数、窓の数、全体構想の比例配分がきめられる。建築とは、最初に選ばれた自然数をもとにして進められる一種の「算術」のようなものだ。

こうして彼らの建築思想では、自然のプロセスと人間の精神活動が作り出す建築との違いが、この「数論的対比」をとおして考えられるようになる。「地神」があらわそうとしているのは、数論上の無限をはらんだ数、たとえば無理数とか超越数である。こういう数にはつねに無限をめぐるパラドックスがつきまとっているので、そういう数をもとにしていたのでは、矛盾を産み出さないすっきりとした論理の世界を作りあげることはできない。ところがこれにたいして、建築とは一定の自然数をもとにした論理の体系のようなものである。それぞれの自然数は、数連続体につきまとう無限の悪夢をはらい落とした結果としてできてくるものなので、それを組合わせるとどこにも矛盾や混乱が作り出される心配のなさそうな、すっきりした論理の体系が作れるように思える。建築によって人間はたんに雨風をしのぐシェルターを作るのではない。建築は論理の世界をも作り出す。どの民家にも見ることのできないような幾何学的均斉を寺院建築が実現しようとするとき、人間はそこに「地神」の怪物性にたやすく侵されることのない、純粋な論理の空間を産み出そうとしているのだ。

大地と建築との関係が、無限をはらむ数連続体と自然数との関係に当たることを、チベット人の宗教的な感覚ははっきりと摑み取っていたように思える。それは「地神」をめぐる複雑な占いと儀礼の体系を調べて見るとよくわかる。占いは紙や版木の上に書かれた234ページのような図をもとにして行なわれる。

図の中心と四隅をだいたいきめたあと、占者はまず紙面に「地神」の姿を描く。「地神」の身体は全体におだやかなうねりを備えていなければならない。それに頭上の蛇や下半身の蛇体を描く場合には、ディテールに至るまで複雑な曲線が内部に折れ込んでいくように表現する点が、肝心である。この上を九×九でできる八十一個の方眼で分割していくのだ。この矩形分割は、あきらかに「地神」の表象する無限をはらんだ多数多様体を、ユークリッド的平面に変えるトポロジー変形の操作に対応している。占いは、「地神」の姿を描いた方眼平面の上で行なわれる。だからもっと正確なことを言えば、占いという行為は、多数多様体がユークリッド平面に変換されるまさにそのカタストロフ的な「ねじれ」の位置で行なわれていることになるわけだ。自然の神意に耳を傾けながら、それを人間の世界にもたらす。占いがそういう行為であるからには、それはこのような危うい「ねじれ」の位置でなされる必要がある。そうしなければ、せっかく建てられた寺院や民家は、のけ者にされてしまった「地神」の怒りにいつまでもさらされつづけることになる。多様体の上に自然数を基本にして建てられる寺院。自然のプロセスと建築の異質性は、このようなところにも現われている。だから、どんなに自然の諸力が気持よく波長を合わせた土地を選び、また天体の運行がもっともよい波動を送ってくる時間を選んで仕事を起こしたとしても、あらゆる建築物のモデルたる寺院は自然数をもとにしてユークリッド平面の上に建てられる論理の空間をしめしていることにおいて、ついに自然のプロセスとしっくりなじみきってしまうことはできないのである。

仏教と言うものを、インドからやってきた高級な論理や思考の体系であると考えていた並の秀才学僧ならば、そういう寺院空間に住むことはむしろ気持のよいことに思われたかも知れない。しかし、仏教思想の本質はそんなモダニズムのなかにはないということを体験的に知り抜いた神秘家たちにとって、事態はそれほど単純に受け入れることのできるものではなかったはずだ。彼らは寺院に住まうことを嫌い、岩窟やそまつな小屋で暮すことを好んだ。それはたんに、彼らが寺院のなかの人間関係や権威主義をわずらわしく思ったというだけの理由ではなかったのではないだろうか。

ところが、いったん寺院の内部に足を踏み入れた私たちは、それを建てるときや外側から眺めているときにはあんなに気がかりだった、自然のプロセスと人間の建築物との異和性や対立に奇妙なねじれが生じ、以前ほど気にかからなくなっているのに気がつくだろう。それは、外からやってきて寺院（ツクラカン）の門をくぐって内部に入ったとたん、寺院という人工物の外部にあったはずの自然が、ふたたびその内部につながってきてしまうような奇妙な錯覚に襲われるからである。

寺院の中に自然の借景である庭園を作ったりする発想はここにはない。なのにこの奇妙な感覚。それはいったいどこからやってくるのだろうか。

実際にチベットの仏教寺院、それも密教的な色彩の濃い寺院を訪れたことのあるたくさんの人が寺院の内部に静かに座っていると、まるで母親の胎内にいるような感覚にひたされてくるという報告をしている。寺院の内扉をくぐると、おびただしく灯されたバター・ランプの臭いと熱が、まず訪れる人の身体じゅうを包み込む。特別な薬草を練り込んだお香の香りと混ぜ合わされ、薄暗い堂内には軽いがどこか粘性のある空気が充満している。バター・ランプの灯明が、仏壇の仏像の金色に光る姿や、壁面をおおうおびただしい神々の姿を映し出す。鮮やかな色彩で描かれた神仏の像を見ているだけで、渦巻く色彩の感覚に圧倒されていくようだ。そこに、この静けさはどうだろう。ときどき、お堂の外に置かれた「マニ車」が回されて、軽い鈴の音がそれに合わせて響いてくるとは言え、この静けさはどこか内側へ内側へと凝縮していこうとするものを持っている。寺院の内部空間は、視覚、聴覚、嗅覚、皮膚感覚のすべてを巻込んで、そこへ足を踏み入れる人の感覚を「母胎にいるような」と形容されるような不思議な抱擁力で包み込んでくれるのである。つまり、寺院という建築物そのものは自然のふところからはみ出してしまう異質性を持っているのに、寺院の内部へはいると、まるでざらついた外の世界から、なじみ深い記憶のある抱擁力の中にふたたび立ちもどったような感じを受けるのである。

もちろん、この奇妙なねじれ感覚をひき起こしているひとつの原因が、知覚にとび込んでくるおびただしい情報の量とその質に関係していることは明らかである。くちびるなどすぐにカサカサにしてしまう、乾燥した高原の空気の中を歩いてきた人の鼻を、バター・ランプとお香の粘着性の香りが包み込む。荒涼とした抽象世界を見つづけた眼に、妖しく光る金色の仏像や壁面をおおう鮮やかな色彩の洪水がおどり込んでくる。それが人を原初的な時期のアブジェクトな感覚記憶につれもどすのである。

たとえば眼は、ほんらい多様な色彩の洪水を外の世界から受けとめている。けれどその色彩の渦に秩序を与えて、外の世界を形のあるものとしてまとめあげているのは、無意識のうちに知覚に働いている一種の知性の働きである。この知性の働きによって、世界はくっきりとした形を持つものになるけれど、一方でそれは知覚の味わう快楽を抑圧していることになる。それはまるで、自然の多様性や運動性を象徴する蛇の身体をした「地神」の上に、くっきりした構造を持つ建築物を建てることのようだと言ってもいいかも知れない。人間は知覚のレヴェルから始まって思考のレヴェルに至るまで、この建築的なプロセスをたどっている。実際の建築はこの全過程をより高度なレヴェルで再現しているのである。

チベットの仏教寺院の内部が実現していることは、知覚をさまざまなレヴェルで働いている知性のくびきから解き放って、眼や鼻や耳や皮膚にゴージャスな感覚の快楽を取りもどすことである。成長し大人になるということが、身体の中にしっかりした神経系の器官組織を作りあげ、それによってあらゆる方向に蠢き回っている筋肉や知覚の自由な動きを拘束したり、快楽をせきとめながら最終的に言葉の秩序の方に人の精神をむけていくプロセスであるとしたら、寺院の中にたたずむ人はそれとは逆むきのプロセスをたどっていくことになる。つまり成長して大人になるプロセスを逆に溯って、感覚が自由な方向に遊走し、まだ周囲の世界と自分との間に不分明なつながりが保たれていて、しかも母親との親密なつながりが失われていない原初的な時期の記憶につれもどされていくような感覚を味わうことになる。仏教寺院の内部が「母親の胎内」にいるような感覚を与えると言うのは、感覚に与えられるゴージャスな快楽と深く結びついている。

だが、これはまだ表面的なことにすぎない。寺院の内部空間が「母親の胎内」にいるような感覚を与えるというのは、チベットの密教思想の中ではもっと多層的で深い意味を持っている。それと言うのも密教思想はデカダンスとしての母性への回帰ではなく、そういう母性とのつながりを突抜けたところに現われるもっとピュアな（もっと唯物論的なと言ってもいい）生成の場に踏み込もうとしているからである。

仏教の教えは、人間を恐ろしいほどの力で捉え翻弄しているさまざまな欲望や怒りを静め、愚かさに曇らされた心を浄化し、人間を輪廻の中でもがきつづけ苦しみつづけている状態から救い出し、真実の解き放ちを与えようとしている。そのために仏教は戒律や道徳律を守った清潔な生き方をしなければならないことを説いてきた、と言われている。けれど、密教思想はこの心の解放ということを、もっとラジカルに考えてきたのである。密教思想は、ナーガールジュナ（竜樹）が大成したと言われている中観仏教の思想と、ヴァスバンドゥが基礎づけした唯識仏教の思想のもたらしたものの上にたち、さらにその先まで踏み込んでいこうとしたのだ。中観仏教は、言語や象徴の体系によってはありのままのリアリティが捉え切れないことを、精緻な論理学的技法を駆使してしめそうとした。そのために中観派は、世界について何かの命題をしめそうとするあらゆる哲学の言説を矛盾においこんでいき、世界と言うものがどこにも中心のない巨大な縁起の体系という無限の多様体として存在していることをしめそうとした。そうやって、中観派は否定的な技法を使って、いっさいの言語体系を執拗に解体する作業を行なったのである。これに対して唯識仏教は無意識の深層心理を探求しながら、リアリティ（現実）と言われるものが心（意識）の作り出す現象にほかならないことをしめそうとした。ようするに世界はひとつではなく、たくさんあり、もともと多層体として作りなされている。けれどそれらすべてが心の現象として、夢や幻と同じようにして作られていることを、唯識仏教はその深い瞑想体験の中から摑み取ってきたのである。

密教は、インドの宗教的伝統の中で練りあげられてきた観想（ヴィジュアライゼイション）や真言（マントラ）などの意識テクノロジーを活用して、この中観派や唯識派の切り開いたところを、さらにクリアーな体験として実現しようとしてきた。それがめざしているのは、ニンマ派の伝えてきたゾクチェン密教の哲学の言葉で言えば、「心の自然状態 sems-nyid」にすっ裸のまま直接的に踏み込み、そこに安らうことによって、心の解放（解脱）を生きている身体のままで、その身体をつうじて実現することである。

「自然状態にある心」とは、心（意識）が自由に流れ、なにものにもしばられることなく自然成長をとげていく状態のことをさしている。この「心の自然状態」がそうたやすく実現できるものではない、ということを密教は深層意識の領域をくまなく探求したすえに教えている。まず第一に、心の連続体（これは一瞬たりともとぎれることなく流れつづけ、しかもそれは死によってもとだえることなく永続しつづける）の流れは、欲望や怒りや愚かさのようにたえずわきあがってくる感情や思考のためにせきとめられ、変な圧力を加えられ、歪められてしまい、またそれが原因になって新たな欲望や怒りや愚かな考えが産み出されてくる。そういう感情がわき起こってくる源泉は、無意識の構造にある。ここは言語のように構造化されていて、自由な心の流れを歪めている。つまり、その無意識の中で自分というものとそれ以外の世界というものとを分け、まるで自分というものが固い実体を持っているような錯覚が産まれてくるからである。だから人間はすでに無意識の奥底において「心の自然成長」を歪めるさまざまな禁止や歪化を行なっていることになる。ふつうごくあたり前の人間的事実だと思い、ごく「自然」なことだと思い込んでいることが少しも「自然」なことではなく、「心

（意識）の連続体」の自然成長性をかえって歪め、濁らせ、不自由なものにしているのだというふうに、密教思想は考えつめていったのである。つまり、モラルは少しも意識の自然の状態を映し出したものではなく、むしろそれを歪めている点を、強調したわけだ。

そこで密教の修行はこのような「心の連続体」の自由な流れや自然な成長性を阻み、せきとめ、歪めているもろもろの障害を破壊し、解体し、燃やし尽くして「心の自然状態」のなかに直接踏み込んでいこうとした。古代的な武器をかたどった密教法具にそのことが象徴的にしめされている。もっとも重要な法具である「ヴァジュラ（チベット語でドルジェ、金剛）」は、インドラ神の手にする雷の刃を象徴化したものであるし、ダーキニー女神は湾曲したナイフを握りしめ、忿怒の形相をした守護神、護法尊たちはたくさんの手の中にキリ（プルブ）、刃、ハンマー、ヤリ、弓矢などの武器をたずさえている。密教は「心の自然」を実現するために、隠喩的な「戦争状態」を作り出し、しなやかで自由な心の流れとその成長を阻むものたちを破壊し、解体し、燃やし尽くしていこうとするのである。

けれど、忿怒の形相をした神々の行なう「戦争」は、心の外側からやってきた敵が城壁を打ちこわしたりするのではなく、「心の自然状態」が心をこわばらせ歪めているものを破壊しようとする点で、ふつうの戦争や闘いとは異なっている。忿怒の恐ろしい形相をし、一方で破壊や解体を行なう側面を持っているとは言え、こうした神々の本性は同時に優しく抱擁するような菩薩にほかならない、と密教が説明するのは、忿怒尊も柔和な菩薩も、ともに「心の自然状態」が内蔵する力のありようをしめしているからなのである。

ではこの「心の自然」の状態に踏み込み、それをヴィヴィッドに体験するためにチベットの密教はどんな技法を駆使するのだろうか。それには大きく分けて三つのものがある。すなわち、(1)生起のプロセス（生起次第）、(2)円満のプロセス（究竟次第）、(3)そのどちらにもよらない自然性のプロセス。「生起のプロセス」では、映像的な創造力をフルに駆使して、修行者の眼前とか頭上の空間に神々（その多くは修行者の守護神となる忿怒のヘールカやダーキニー女神、あるいはパドマサンバヴァのようなラマである）のイメージを産出し、それを中心にしてあたりの空間全体を神々の宮殿や浄土に作り変え、さらには修行者自身をその神々の身体に変容させていこうとする、きわめてイメージ性あふれる技法である。つぎの「円満のプロセス」は「生起のプロセス」の技法をベースにして、「風（プラーナ）」という生体的なエネルギーをコントロールしながら、身体のうちから信じられないような熱、光、快楽をひき出し、それをとおして空や無と言われる「心の自然」を力の微細状態として味わい尽くそうとする。ところが、これらに対して「自然性のプロセス」では、そういう技法自体が捨てられ、直接に何の媒介も必要としない状態のなかで「心の自然」の中に踏み込んでいくことが教えられる。ニンマ派の場合、それは「ゾクチェン密教」の教えとして伝えられてきたが、カーギュ派の「マハームドラー」、サキャ派の「ラムデ」、ゲールク派の伝えている「六支ヨーガ」なども、意識論の見解や身体技法のこまかい点について少しずつ違いを見せてはいるが（だがこの中で、ゾクチェンの教えているアティ・ヨーガの技法は、他のどの密教体系にも見られないまったくユニークなものであり、その伝統がベンガルのタントリズムの伝統につながるマハームドラー、ラムデなどとはまったく異なるものであるという事情をよくしめしている）、いずれも「自然性のプロセス」に中心をおいている。この「自然性のプロセス」が立脚している哲学や意識体験が、禅の場合とよく似ているのは、禅もその瞑想プロセスで、イマージュの生起を否定していこうとしているからである。

ところで、寺院の内部空間の本質を理解するためには、このうちの「生起のプロセス」がもっとも深い関係を持っている。壁面も供物も法具類もすべて「生起のプロセス」にそって理論づけられているので、ここではそれに焦点を合わせていくことにしよう。

「生起のプロセス」は、ありとあらゆる生成をモデル化して再現しようとするものだ。いっさいの形のあるもの、生命のあるものは空とか無と呼ばれているものから産まれる。だがここで空とか無とか言われているものは、実際には自然状態にある純粋きわまりない「心（意識）連続体」のことをさしている。この「心の連続体」は無限の生産力を持つ純粋な力そのものをしめしている。だから、自然状態にある「心」の内蔵する生産力が、その成長を歪め濁らすほかからのいっさいの働きかけのない状態で、自然成長をとげるとき、それは「心の自然」である無と同質の肯定的な実在でこの宇宙をみたしていくことになるだろう。ところが輪廻の中をさまよい続けている存在たちの場合は、純粋な「心連続体」から生産力がわき起こるその瞬間に、その力の成長を歪め貧弱なものに変えていく働きが加わることによって、「心」の自然成長性はそこなわれ、歪んだ心で歪んだ世界を作り出し、その中をさまよい続けることになるのだ。自然成長性の状態にある「心」と輪廻の中にある「心」とはしたがって、同じ力を源泉としていながら、現われにおいて貨幣の表裏のような違いを持ってしまうのである。「生起のプロセス」がたどろうとするのは、もちろんこの「心の自然成長性」

の状態である。

そのために「生起のプロセス」を修行するものは、卵から産まれる鳥のように二度産まれる（鳥はまず母鳥の体から卵として産まれ、ついで卵を破ってヒナが出てくる）ように、二度産まれる必要があるとされる。まず一度目は、無の中に溶け込むために産まれる。つまり、修行者は自分の身体（これはきわめて粗大な物質の複合体でできていると思い込まれている）を守護神であるヘールカやダーキニーの光でできたイメージをしの身体に、観想のテクニックを使って変えていく。ついでその光の身体イメージをしだいに溶解させ、深いサマーディ（三昧）の中で無の状態に溶かし込んでいくのである。

この無の中から二度目の誕生が始まる。純粋な「心連続体」のはなつ自然な光として、まさに軽々と産まれ出るのだ。無の状態に虹のような光がたちのぼり、その中から神々をあらわす真言の文字が、あたかも種子のように浮かびあがる。この光の種子はしばらくするとみるみる変容を起こし始め、守護神の姿を作りなしていく。そして、光のかたまりはしだいに明瞭になり、守護神の姿かたち、手に持つ密教的法具や象徴をくっきりと映し出すようになる。この間、修行者は神々のヴァイブレーションを模倣した真言を唱えつづけているため、音と光の波動が修行者を柔らかく打ちつづけている。こうして、密教の修行者は守護神にメタモルフォーゼをとげることによって、「心の自然状態」を光のイメージ産出のプロセスの中で直接的に体験しようとするのである。

もちろん「生起のプロセス」の与えるホログラフィックな体験（この修行では神々のイメージは細部に至るまで克明に三次元的に構成されなければならず、また伸縮自在で、どの小部分にも全体が投影されているようでなければならない、とされている）を、図像や模型として、完全に再現することなど不可能なことである。それらは物質色を使い、稠密な素材で作りあげられており、「生起のプロセス」がもたらすあざやかでヴィヴィッドな体験をそっくり表現することなど、もともとできないからだ。せいぜいそれらは、「生起のプロセス」の似姿として、観想の修行のための手助けをするくらいだ。しかし、「生起のプロセス」の修行の中で体験することに、もっともフィットする図像を与えるとすれば、それは恐らくマンダラ（チベット語ではキルコルと言う）であろう。マンダラこそ、純粋な状態にある「心（意識体）」の自然成長性というものに可能なかぎり接近し得る図像表現の形なのである。

チベット仏教の伝統の中で磨きあげられてきたマンダラ図像がとりわけ興味深いのは、そこに密教の修行が持っている「戦争状態」（破壊したり解体したりする側面）と

「自然状態」（「心連続体」の生産力が自然成長していく側面）とが、同じイコンのうちに同時に表現されていることである。マンダラのまわりを取りかこんでいるのは「火炎の山（メ・リ）」である。この「火炎の山」はマンダラの内部に不浄な霊力や未熟で歪んだ心のヴァイブレーションがはいってこないように防ぐ役目を持っているが、それと同時に「生起のプロセス」を妨害するもろもろの意識の働きを解体し、二元論的な思考をグノーシス的な直観知に変容させていく働きをも持っている。「火炎の山」の内側には、内部のマンダラを外側の力による破壊や変質から守るため、破壊し得ないダイアモンドの象徴でもある「ヴァジュラ（金剛）」の輪が取りかこんでいる。そしてその内側には「八つの墓地（ドゥルトゥ・ゲー）」が配置される。それぞれの「墓地」の中には鳥や猛獣にずたずたにされ、むさぼり喰われている死体と、そこで修行をする密教行者と、真理の教えをおさめる仏舎利（ストゥーパ）が描かれており、ここには複雑な象徴的な意味が込められている。「八つ」というのは人間の八つの意識形態をあらわしている。つまり五つの知覚、意識、思考の意識、自我の意識、そしてそれらすべての基底にある無意識の構造、すなわちアーラヤ識の「八識」をあらわしているのだ。これら八つの意識形態がより集まって、人間の心的現象の世界を作りあげている。自我が実体を持っているという幻想も、外界が自分から分離されたものとしてあるという幻想も、あるいは喜び悲しみの感情も、すべてはこの「八識」から産まれ、「心の自然体」が自由な流れと成長を行なうのを阻んでいる。それらすべてを、「八つの墓地」は破壊し、解体しようとするのだ。それが死体を喰い荒すイメージで表現されるのは、身体という意識こそが、それら「八識」の活動するもっとも堅固なとりでになっているからである。人間は身体のなかに、「心（意識）」の自由な流れを封じ込めようとする。だから意識の形態を破壊することが、身体の解体につながっていくのだ。ここでは死は、むしろ解放のシンボルとして捉えられている。

こうした破壊、切断といった「戦争」の持つ解体的な側面をしめすデザインの内部に、はじめて「心の自然状態」と呼ばれているものが描かれるのだ。

さて、ここで注目しなければならないのは、その「自然状態」が王城のイメージとして表現されていることである。神々は、城壁を持ち、王旗をなびかせた四つの門を持ち、宝石とさまざまな装飾におおわれた王城都市の中に住まい、その荘厳を楽しんでいるわけだ。このマンダラの王城が、ふつうの人間の作り住まう王城と違うところがあるとしたら、それはこの王城都市の中には臣下と王、市民と奴隷のような階層構造が存在しないことだろう。確かにマンダラの中心には、そのマンダラを主催している神が描かれる。けれどそれを取りかこんでいるおびただしい数の神々は、少なくともマンダラ理論の中では、この中心に描かれた神から産まれ出たものとして、相互に有機的に結び合っている。つまり、どんなにマンダラの周辺部に描かれているマイナーな神も、中心にいる神とまったく同じように、このマンダラの全体を生成していけるような能産性と情報を内蔵している、ということになる。ここには、超越者とそれに支えられた階層構造のない世界というものの極限的な状態を表現しようとする一種の「概念の神秘主義」の反映を見ることができる。けれど、そう言うときにも密教は、たんにそれが頭で考えられただけのものではない、という点を強調する。その極限的な状態は想像されたもの、隠喩表現されたものではなく、私たちの生体のプロセスすべてを巻込んでいく身体の技法《メチエ》をつうじて、直接的に体験できるものだ、と言うのである。

　そればかりではない。この王城には渦巻状の運動性や無限の多様性と言ったことまで、表現されている。それはまず内部にむかって、どこまでも差異化のプロセスを続行させていく。ある色彩やかたちで表現されたひとりの神は、実際にはマンダラのもっともラフな基本構造である五つの部分への分割と同じプロセスをたどってさらに五つの異なる特性、異なる側面へと差異化されていく。だから、潜在的には、スケーリングの多様性と言うことを前提としているのである。この王城には無限に変化していく多様なスケールの秩序がしめされている。おまけにそれはスケーリングの全域にわたって渦巻状の運動性におおわれてさえいる（これについては『雪片曲線論』の「雪片曲線論」の章を参照のこと）。マンダラの王城都市は、生成の現場をしめすものとして、カオスの中にスピン状の攪拌が起こり、宇宙の全域に軽快な運動性が波及していくその瞬間に眼を注ごうとしているのだ。

こうして見ると、「心の自然」を表現すると言われるマンダラが、奇妙な「中間性」をおびていることがわかってくる。マンダラはいわば無とかたちの「間《はざま》」、カオスと渦運動の「間」に位置する、風変りなフラクタル物質のようなものなのである。そのために、マンダラは一方では王城都市のリジッドな構造を持ち、それと同時に無限の多様性や渦巻状の運動の方に自分を開いていこうともしている。この王城を取りかこむ「八つの墓地」「金剛輪」「火炎の山」が、「心の自然成長」を阻む諸力を破壊する否定性の側面をあらわしているとすれば、その内部に描かれる無限や運動性を内蔵した王城都市は、その肯定的な側面を表現していることになる。マンダラは「戦争」という生のスタイルの持つ否定性と肯定性を同時にあらわそうとしているわけである。

マンダラの図像表現は、密教の思想と修行が切り開いてみせる「心の自然状態」に対応したものである。しかも、それは奇妙な「中間物質」としての王城都市のイメージで表現される。ところでこのマンダラの表現原理は、もっとラフな形として仏教寺院の内部の構成すべてに通底している。寺院の内部は、「生起のプロセス」に対応するものとして、あらゆる意識現象が生成し、消滅していく「心の母胎」をしめしている。またそれと同時に「心の自然状態」のイミテーションとして、こういうマンダラ的な都市の本性を持っている。チベット人にとって、仏教寺院とは都市のイメージそのものであるが、この都市はより高次のレヴェルでふたたび「自然」の領域に自分を開いていこうとしている。建築物は自然の多産性や多様性をしめす蛇神の否定の上に建てられた。しかしその建物の内部にチベットの仏教寺院は、ふたたび、よりソフィスティケートされた蛇神性を導き入れる。もしもそれが彼らの考えた都市性ということにつながりがあるとすれば、ここでは建築の思想と都市性とは鋭い対立をしめしているということになるだろう。

チベット人の建築思想には、建築が自然のプロセスに還元できない、なにか超越的な秩序にしたがおうとする生のスタイルを反映したものであることが、はっきりと意識されている。建築はユークリッド幾何学的な「理性」をその手段として、怪物的な自然のかたちの隠蔽や去勢のうえになりたっているのだ。仏教寺院はそういう建築物のモデル中のモデルとして、もっとも単純明快な自然数の原理をもとにして作られている。ところが、ここにこまったことが起こる。仏教寺院の方はそれでもよいかも知れないが、その中で説かれ修行される仏教思想の方は、建築という行為に反映されているような「理性」をラジカルにのり越えていこうとしているからだ。そこでは、なにかの超越的なものをもとにしてこの世界を階層化し、秩序づけるような生のスタイルを捨て、いかなる超越も否定した徹底的な内在性の哲学が展開されていたのである。

チベットの仏教寺院の内部が、そういうものが嫌いな人にはほとんどグロテスクとさえ思える色彩やかたちで埋め尽くされているのは、仏教寺院という建築物のかかえる、このようなパラドックスをのり越えようとする努力と深い関係があるのだ。そこには、人間のグラフィック表現が、ユークリッド的な幾何学のような「理性的手段」を放擲したときに、どのような空間やかたちが現われてくるかという問題に対する、ひとつの解答のようなものがしめされている。寺院の内部を「都市化」すること。これがチベット仏教の選んだ道だった。彼らがイメージしたユートピア状態の都市は、あらゆる面において「超越者なき神秘主義」あるいは徹底した内在性の哲学が反映されていなければならない。こうして、チベット仏教寺院の内部は、混沌とかたちの中間物質、自然のプロセスをより高次のレヴェルで再現するフラクタル的な非ユークリッド的形態で埋め尽くされることになっている。

だから、そういう寺院に一歩足を踏み入れた人は、そこで「母親の胎内にいるみたいな」親しみややわらかさを感じるのだ（もっともそれをどうしても嫌だと感じる人々がいることも確かだけれど）。ここには「将来の建築はやわらかくて毛深いものになっていくだろう」と言った画家サルバドール・ダリの言葉が、けっして充分とは言えないまでも、ある程度まで先取りされ、実現されている。チベットの建築思想家たちが、もしもスペインに建てられたアントニオ・ガウディの建築を見たとしたら、おそらく自分たちとの資質の近しさを感じ取ったであろう。

同じことが寺院の内部に置かれ、描かれ、つるされて、この魅惑的な内部空間を作りあげている「もの」たちについても言える。

まず、寺院の扉をくぐり、さらに本堂の内部につながる扉を囲む左右の壁には、多くの寺で、「六道輪廻図」と「須弥山図」が描かれ、それらは内側の空間に拡がる「自然空間」への導入部をなしている。このふたつの絵は、輪廻をくりかえす現象世界の全構図と、宇宙の全体構造図を、それぞれしめしているのである。言ってみれば、そのふたつの絵は、人間の生のあり方というものをより大きな全体の中に位置づけることによって、それを相対化し、執着する心を柔らかくときほぐしていくような働きを持っている。

寺院の内部空間は、「心」の王城を飾るにふさわしい色彩と装飾にみちている。天井からつるされている「ドゥク」や「カギエン」の美しい布は、もともとはマンダラの周囲を飾る王旗に対応している。壁面には「生起のプロセス」の中で立ち現われてくるあざやかな神々のイメージ体験のイミテーションたる図像や、グル・パドマサンバヴァの八変化図などが色あざやかに描かれ、神々への供物となる「トルマ」やバターランプや水入れなどとともに、前方の仏壇には仏像が置かれ、またときには天井に多種多様なマンダラが精密に描かれている。

これらのイコン、供物、仏像などが、「心の自然状態」のヴァイブレーションと共振しながら真に生き生きと蘇ってくるのは、ラマ僧たちが本堂に集まり法具や楽器を手にしながら、月に数度の「儀礼（チベット語ではチョカ）」を行なうときである。密教の儀礼は音楽とともに「生起のプロセス」による瞑想をともないながら重層的に行なわれるオーケストラをなしている。堂内に参集したラマ僧たちは、共同で「生起のプロセス」の実修を行ない、この内部空間を結界して外部からの障害をシャットアウトした状態の中で、そこを空性に浄化し、さらにその空性のうちからあざやかな守護神へールカやダーキニーを現出させるのである。ちょうどその光景は、共同でトランスにおちるシャーマンの儀礼や、共同で夢見状態にはいり、そこで同一の心的リアリティを作りあげていく技法などを思い起こさせる。

このとき、堂内は「心の自然」の放つ軽々とした光のイメージにみちるのだ（少なくとも共同でこの「生起のプロセス」を行なっているラマ僧たちにとっては）。堂内には独特のサイキック・パワーがみち、それによって壁面に描かれた神々のイコンや前面に置かれた仏像や供物がたんなる「もの」ではなくなって、ひとつのコレスポンダンスの状態をかもし出すようになる。したがって、そこでは音楽と美術と「生起のプロセス」のサイキック・パワーにみちた内面の光のイメージとがみごとな交響をかなでながら、自由で軽やかで、しかもゴージャスな快楽にみちた「極楽」の空間を作りなすのである。そこにはもはや、人の世界を律している「道徳（モラル）」などはみじんも存在しないが、より巨大な宇宙の「倫理（エティック）」が軽やかなダンスを踊っている。

おわりに

伊東豊雄

中沢新一さんの著書からは三十年に亘《わた》って大きな影響を受けてきた。中沢さんの文章に触れていると、この世界はすべて渦を巻きながら変様し続けているかのように思われてくる。その平明で美しい文章に浸りながら、いつしか自分も流動的な空間を漂っているように感じている。

恐らくそれは、中沢さん自身が変様し続ける森羅万象のなかに身を置きながら、世界を観察し、事物の関係を説き明かそうと試みているからに違いない。

言語化したり、論理を構築しようとする時、人はみな一旦世界の外側に立つ。何かを構築するためには絡まり合い、変動し続ける複雑きわまりない万象を解きほぐし、理性的な空間に移し変える作業がどうしても必要だからである。だが多くの場合、この変換作業によって逞しく息づいていた事物は、扱いやすいがみずみずしい生命力を失ってしまう。こうした客観化の作業は人間の知的活動に必要不可欠なのだろうが、学者と呼ばれている多くの人は一旦世界の外側に立つと二度と内側に戻れなくなるようだ。戻れなく、というより戻らなく、と言うべきだろう。外側の世界に身を置き続けた方が矛盾を感じないし自己充足できるからだ。現実の世界は相変わらず無数の事象が絡まり合い、解きほぐすなんて到底不可能であるというのに……。

中沢さんが魅力的なのは、明快で客観的な論理の構築よりも言語化不可能な世界に分け入る方が面白いと考えているからである。理性によって人間が世界を支配しうると考えることをひどく嫌っている。動物や植物と同じ視線に立って事物を捉えようと試みる。だから中沢さんの文章からは、人間の理性では把握できないもっと大きな力によって世界が回っていることの素晴らしさを共有できる。

建築も地上に根を下ろしている限りにおいて、現実との絡まり合いのなかに立つ小さな存在のはずなのに、何故それが世界の外側から思考され、世界を見下ろすような尊大な存在として地上に立つのだろう。

現実世界で建築をつくるのは、幾何学、とりわけユークリッド幾何学を用いて考えざるを得ないのは、いまのところ致し方がない。だから建築を設計するには、一旦現実の外側に身を置いて現実とのしがらみを捨象し、抽象的思考に頼らざるを得ない。だがそのような思考過程を経て考えられた建築も、再び現実世界に返され、さまざまな事象と絡まり合いながら建ち続けなくてはならないはずである。

ところが多くの建築は極力現実とのしがらみを断ち切って自立した存在であろうとする。抽象的な世界に止まっていればいる程、美しい存在として崇められるからだろうか。或る抽象作業の下で思考されるのは止むを得ないとしても、現実世界に返された建築は現実に開かれ、現実の部分として息づく存在になるのが当然である。建築を考えながらそのような矛盾と疑問を久しく抱き続けてきた。中沢さんの思想は、きわめて示唆に富んでいて、私の悩みに応えてくれるように思われるのだ。

例えば今回再録された「建築のエチカ」からは、チベット高原に立つ仏教寺院の建築への考察であるだけに、自然と人工物との関係にかかわる興味深い指摘を読みとることができる。建築のように人間の意識の活動がつくり出すものは、どうやっても自然のプロセスには同化できない質を備えている。同化できないからには、自然に対して建築という人工物が優位を誇るのではなく、可能な限り自然の祝福を受けるようなものでなくてはならない、と中沢さんは説く。そして流動的な大地のシンボルとも言うべき地神（サ・タク）の怒りを鎮めるために、寺院の幾何学との間にチベットの人々がいかに折り合いをつけたらよいのか、が述べられる。

現代社会において自然から祝福される建築のあり方とはどのようなものなのだろうか。三・一一以降、この言葉の持つ意味は重い。

三・一一以降、私は東北の被災地を訪れることによって、中沢さんの思想への理解が少しずつ深まってきたように感じている。中沢さんが東北の人々に抱く共感に似た感情を私も共有しうるようになりつつあるからかもしれない。

第一章でも語っているように、震災後私は、他の建築家にも呼びかけて「みんなの家」を被災地につくる活動を続けている。その第一号が十月末、仙台市の東海岸に近い宮城野区に実現した。六十戸余りの仮設住宅地内の小さな木造建築である。ここに住む人達が集まって薪ストーブで暖をとりながら酒を酌み交わし、語り合うサロンのような場所である。この建設プロセスは通常の建築では味わうことのできない感慨深いものであった。それはつくる者（設計者、施工者）と利用者（住民）、さらには管理者（自治体）が心をひとつにして実現できたからである。当然のことのように思われるが、通常の建築行為ではあり得ないことである。

これまでにもそれぞれが対峙し合うのではなく、同じ方向に向かって協力し合うケースは何度も経験した。しかし今回は、三者がそれぞれの境界を越え、ほとんど相互に溶け合っていた。設計者は住民であり、管理者も住民であった。恐らくはこうした一心同体の行為は震災によってすべてが失われた極限的な状況においてのみ可能であったのだろう。ここで特筆すべき事実は、我々が被災地の人々の共同体を復活したのではなく、三者の間に共同体が成立したことである。それは束の間の出来事かもしれない。しかしここの仮設住宅に住む人々が、竣工式の日に我々と酒を酌み交わしながら、私達の手を握りしめて涙を流し続けた時、私は、中沢さんの説く「贈与」による交換が行われたことを実感した。自らの立場を保持しながらも、それぞれが自由な人間として心の交換を行うことができた、と感じたのである。いま関わっている岩手県釜石市の復興計画においても、この体験を再度味わいたいという強い欲望が湧き上ってくる。

今回この出版の編集作業で大きな力になってくれた川上純子さんは、二年前に故人となった私の妻律子の親友であった。中沢さんの深い信頼を得ている川上さんが仲介をして下さらなかったら、この出版はもとより、中沢さんと親しく対談をさせていただく機会も持てなかっただろう。

青山ブックセンターでの対談を川上さんと一緒に聴きにきた律子は、対談することが大の苦手である私のことをひどく心配している様子であった。彼女は以前より中沢さんの、専門分野にとらわれない深く幅広い教養に心服していた。きっとハラハラしっ放しで聴いていたに違いない。しかし対談終了後中沢さんと一緒に食事をしながら話をできた彼女は心から嬉しそうであった。

そんな訳で中沢さんの深い見識に感嘆ばかりしている私との対談が果たして出版物になり得るのか半信半疑であった。それを可能にして下さったのが川上純子さんであり、筑摩書房の小船井健一郎さんである。そして何よりも中沢さん御本人である。妻もどこかできっと喜んでいてくれるに違いない。本当にありがとうございました。

文庫版おわりに

伊東豊雄

『建築の大転換』を中沢さんと出版したのは三・一一の大震災から一年も経っていなかったから、被災地復興への熱い想いに駆られていた。津波に洗われたまちは何もなくなってしまったのだから、復興に際してはこれからの日本の地域のモデルをつくるべきだし、その可能性は十分にあると考えていた。そうした想いを胸に秘めて釜石に通った。

万里の長城のようなコンクリートむき出しの防潮堤ではなく、小さな丘のようなマウンドが連続する公園のような防潮堤、或いはラグビースタジアムのスタンドを兼ねた防潮堤、そんな柔らかな防潮堤を提案した。

また郊外の団地を象徴するボックス型の公営住宅でなく、山裾にむき出しのコンクリート擁壁を覆い隠す斜面住居や、一人暮らしの高齢者達が寄り添って住むことのできるシェアハウスのような集合住宅も提案した。

しかしいずれも災害復興のマニュアルに適合しないという理由で実現しなかった。いずれのまちも同じ防潮堤をつくり、同じ公営住宅をつくりなさい、というのが国や県の基本方針である。

結局実現したのは、我々が国内外の企業や団体からの寄附を募ってつくられた「みんなの家」だけである。当初「みんなの家」は、仮設住宅内で、住民が集まって食事をしたり、話し合うことのできる、小さなコミュニティのための家として計画された。ほとんどは四〇〜五〇平方メートル程度の小さな木造建築であったが、その基本精神は「みんなの」という字義通りに、住民や利用者達と「一緒に考え、一緒につくる」ことにあった。この言葉は偽善的にも聞こえるが、それ以降の我々の建築のつくり方に大きな影響をもたらしている。即ちこれは公共建築の最もプリミティブな基本原理なのだ。

公共建築では、住民参加が利用者にとっての当然の権利のように考えられているが、現実にはプロジェクトを公開して御意見を拝聴しました、というお墨付きを得るための方便と化しているケースが多い。こちらの方が余程偽善的と言えよう。

「みんなの家」は我々の周囲にいる建築家達と力を合わせて、これまで東北三県で十四軒が完成し、現在も続行されている。それらの目的も、近年は農業や漁業支援のための家、原発の風評被害のために外で遊べない子供達のための小さな屋内遊戯場など多岐に亘っている。しかしどんなに小さくても、いや小さいからこそ、形式化してしまった公共建築の本来あるべき姿をそこに見ることができるのである。

被災地復興をめぐる活動を通じて痛感させられたのは、あの巨大な防潮堤のような近代主義の壁であった。復興計画でどの被災地も全く同じ防潮堤をつくり、全く同じ公営住宅を建てなくてはならないという均質主義にそれは象徴的に示されている。なぜならば近代主義のまちや建築は、技術によって自然を征服し、いかなる地域においても同じまちや建築をつくることができると信じてきたからである。今回、土木技術や建築技術を駆使してつくられた防潮堤や原発がいともあっ気なく破壊されたにも拘《かか》らず、国は安心・安全という名目の下に再び同じ試みをくり返そうとしている。誰が考えても愚行と言うべきであろう。

最近世の中を賑わしている新国立競技場問題も状況は変わらない。ザハ・ハディド氏の提案は前世紀の近代主義そのものである。なぜならあの巨大なキールアーチが明治神宮の外苑という歴史的環境を無視して技術のみを誇示しようとしたからである。

あのキールアーチを実現するには、建築というより橋梁のような土木技術に頼るのであろうが、これも防潮堤同様暴力的と言える。二十一世紀の技術は自然環境を破壊するのではなく、自然環境を保護し、より環境に適合していく方向に向かっている。或いは自然エネルギーをいかに利用するかといったより繊細なコントロール技術にこそ世界の目は向けられているのである。

今後新しいスタジアムがいかなる方向に向かうのかまだ見えないが、ともかくザハ案がゼロに戻ったのは日本国民にとって朗報であった。

私は最近、三・一一被災地での教訓をベースにして瀬戸内海の大三島の島づくりを始めた。大三島は二〇〇六年に開通した尾道〜今治間のしまなみ海道が通過する島のひとつで、今治市に所属する。人口は約六千人、言うまでもなく少子高齢化が進行している。

島内には大山祇神社という全国の山祇神社の総本社ともいわれる由緒ある神社があり、年間数十万人の参拝客が訪れる。また近年美しい景観と温暖な気候に恵まれたしまなみ海道は、サイクリストの聖地として海外からのサイクリストを含め、年間二十万人近くが島を訪れているという。しかしこれらの人々のほとんどは島を通過するだ

け で、宿泊者や長時間滞在者はきわめて稀である。

島の大半はみかん畑に覆われており、全くといって良いほど開発は行われてこなかった。そのため島の景観は美しく保たれてきたし、とりわけ島の西部での夕陽の沈む風景は絶景である。それに島は不思議な力を持っていて、一度訪れた人の多くがこの島の虜になってしまうのだ。

私が大三島に通うようになった直接の契機は、今治市が島の西部に私自身の建築ミュージアムをつくってくれたからである。小さな建物だが、みかん畑に囲まれた斜面にあって瀬戸内の素晴しい眺望を楽しむことができる。

このミュージアムがオープンした二〇一一年に東京でスタートした建築塾の塾生達と島に通い、住民達との交流が始まった。そして昨年から島を元気にするために私達に出来る活動を始めた。

島づくりの基本原理は東北での「みんなの家」同様、「一緒に考え、一緒につくる」ことである。他の島のように大きな資本の力を借りるのではなく、小さなプロジェクトを住民達と力を合わせて積み上げていきたいと考えている。

そこでまず手始めに、この島に「みんなの家」をつくろうと考えた。そこで大山祇神社の参道沿いの空き家を借り受け、塾生達と改修して使えるようにした。島の住民と我々のようなビジターの交流の場にしようという試みである。今月にはこの参道の空き地を借りて、東京の子供塾の小学生と現地の子供達との合同ワークショップも開催された。

大三島で元気な人達の多くは、IターンやUターンの農業に携わっている人達である。彼等は農協に頼らず、各々が個別に顧客のネットワークで販売を行っている。このネットワークを一本化して、より強力な組織に出来ないか。こんな活動は我々のような建築家が最も苦手とするところだし、我々の仕事の範疇から逸脱している。

だがそれだけでなく、私は島でワイナリーがつくれないかを模索し始めた。みかんの栽培を放棄した土地はいくらでもある。そうした土地を借りて醸造用のぶどうを栽培し、大三島のワインが出来れば島のイメージも少し変わって、若い人達が移住してくれるかもしれない。既にこの春百本の苗木を植え、ぶどうの生育を見守っている。恐らく来年には畑を拡張して大三島初のワインが誕生するだろう。これまた建築家の活動とは無縁である。しかしこのような活動によって、島という土地に馴染み、島の人々と一緒に行動することで初めて島の行く末を考えられると思うのである。そうすることによって「一緒に考え、一緒につくる」ことの意味を最も初原的な地点から考えてみようと思う。

二十世紀建築界の巨匠、ル・コルビュジエは地中海モナコ近くの海辺、カップ・マルタンに質素な木造の小屋を建て、裸で絵を描きながら晩年を過ごした。コル晩年の建築が実に豊かなのは、都会を逃れ、自然と向き合った暮らしをしていたからに他ならない。我が身をコルと重ね合わせるなど、身の程知らずもいいところだが、そんな想いに耽るこの頃である。

二〇一五年八月二十七日

編集協力＝川上純子

初出一覧

第一章　東京と現代日本の大転換
二〇一四年五月十二日
「記者会見＋特別シンポジウム　新国立競技場のもう一つの可能性」にて収録
（このシンポジウムの原稿はログミー http://logmi.jp の書き起こしを元に再編集したものです）

第二章　地域と公共性の大転換
二〇一一年十月七日　伊東豊雄建築設計事務所にて収録

第三章　人と自然の大転換
1　「伊東豊雄の建築」を中沢新一と考える
二〇〇九年七月十一日　青山ブックセンターにて収録
2　自然と人間をわけない建築
二〇一一年二月二十一日　伊東豊雄建築設計事務所設立四十周年パーティにて収録
3　縄文のこころと建築
二〇一一年三月十日　伊東建築塾プレイベントにて収録
4　震災が建築につきつけた問題とは
二〇一一年七月八、二十二日　伊東建築塾特別講座にて収録

第四章　エネルギーと建築の大転換
二〇一一年七月八、二十二日　伊東建築塾特別講座にて収録

補　論　建築のエチカ
中沢新一『雪片曲線論』中公文庫、一九八八年より
（初出：「宇宙的都市としての寺院建築」『大チベット展一九八三年』毎日コミュニケーションズ）

ちくま文庫

建築《けんちく》の大転換《だいてんかん》 増補版《ぞうほばん》

二〇一五年十月十日 第一刷発行

著者 伊東豊雄（いとう・とよお）
中沢新一（なかざわ・しんいち）

発行者 山野浩一
発行所 株式会社 筑摩書房
東京都台東区蔵前二―五―三 〒一一一―八七五五
振替〇〇一六〇―八―四一二三
装幀者 安野光雅
印刷所 凸版印刷株式会社
製本所 凸版印刷株式会社
乱丁・落丁本の場合は、左記宛にご送付下さい。
送料小社負担でお取り替えいたします。
ご注文・お問い合わせも左記へお願いします。
筑摩書房サービスセンター
埼玉県さいたま市北区櫛引町二―六〇四 〒三三一―八五〇七
電話番号 〇四八―六五一―〇〇五三

ISBN978-4-480-43311-4 C0152